逃げない・めげない
カイシャ道《みち》

藤井大輔

まえがき

冒頭から私事で恐縮ですが、２０１３年12月末で、約19年働いた株式会社リクルートを退職しました。

リクルートという会社は非常に特殊で、定年まで勤め上げる人のほうが珍しく、ほとんどの社員が独立もしくは転職のために退職します。そしていつからか退職のことを〝卒業〟と呼ぶようになりました。社会人として次のステップに進むための学校のようなもの——リクルート社員の多くが会社をそう捉えていると思ってください。

とはいえ僕にとっては〝初めての退職〟にあたるわけで、そういった風土を持つリクルートであっても、会社を辞めるというのは個人的に大きな決断でした。

そもそも僕がリクルートに入社した理由は、「いつかは独立したい。そのために必要なスキルが早く身に付けられそう」と思ったから。

入社当時は早ければ27歳くらい、どんなに遅くとも40歳まで会社にいることはないだろう、とぼんやり感じていました。

最初に退職を検討したのは入社4年目の頃。

それから、「会社に残ったほうが面白いか」「外に出たほうが面白いか」を自分自身に問うことが増えるようになります。若い頃は単純にどっちが面白そうかくらいしか考えていませんでしたが、そのうち自分の市場価値や仕事の社会的影響力はどちらが大きいか、挑戦度・難易度はどちらが高いか、などが比較項目に含まれるようになりました。

加えて、僕は編集者としてキャリアを積んできたのですが、2007年頃から直観的に「編集者の仕事（主に紙メディア）が、今後も需要があるかどうかわからない」と不安に感じていきました。

編集で培《つちか》ったスキルは最大限に活かしつつも、保険というとあれですが、もっと汎用的《はんようてき》に通用する経営や組織運営のスキルを持たなければ、将来的に価値が劣化していくのではないかと。

ですので、会社員でいるうちに編集者ではないキャリアも積まなければいけないと、焦るようになりました。スペシャリストかゼネラリストかの二者択一ではなく、その両方を身に付けたいと思ったのです。

会社は個人の成長のための学校ではない、という意見もあるかと思いますが、僕は「個人の成長なくして、会社の成長への寄与はない」と考えています。

会社の業績や組織からの期待に応えるために、これまでの自分の知識・経験をフルに活用しながら、次々に難易度の高いチャレンジに向かっていく。その中で、苦くしんどい思いも甘美《かんび》な嬉しい瞬間も積み重ねながら、自分自身を成長させていく。そしてさらなるチャレンジに向かう。

――それが「カイシャ道《みち》」であり、仕事をするとは、その繰り返しの総体だと考えています。

本書では、僕がリクルートで学んだことと経験してきたことをベースに、「会社を通して成長するとはどういうことなのか」を記しています。基本的には、人は壁を乗り越えるときに成長がある、と考えていますので、個人にとってストレスの高い状況に置かれたときに、どうすれば解決・打開できるのかを中心に書かせていただきました。

僕の19年間の会社員人生を振り返ると、会社には大きく2つのストレスが存在します。1つは「人」にまつわるストレス。もう1つは「組織」にまつわるストレスです。

「人」にまつわるストレスは、
・自分の意見が相手に伝わらない
・相手がどんなことを考えているかわからない
・1人のときと、チームのときとで意見が異なる人がいる
など、主にコミュニケーションのズレに起因するものが多い。

「組織」にまつわるストレスは、
・自分のやりたいことがさせてもらえない
・職級や給与がなかなか上がらない
・チームや組織を引っ張っていくのが大変だ
など、主に会社からの期待とのズレに起因するものが多い。

第Ⅰ部では、「人」にまつわるストレスを解消するために身に付けておきたい、コミュニケーションのスキルについて。そして第Ⅱ部では、「組織」にまつわるストレスを打開

するために身に付けておきたい、会社員として仕事に向きあうスタンスについて。それぞれケーススタディと僕の失敗談を交えながら、学生の方や社歴の浅い方にもできるだけわかりやすいようにお伝えしたいと思います。

「加湿機をフロアに設置するべきか否か。それはレンタルがいいのか、購入したほうがいいのか」から「3カ年の中長期的戦略を立案するために事業のスコープを明確にする」まで。大小あらゆるストレスの仕事をこなしてきたのですが、どの仕事にも共通するのは〝会社とはチームで成果を出すもの〟ということであり、その根源には〝他者との合意形成をいかにうまく・円滑に行うか〟があると思っています。

ですので、「人にまつわるストレス＝コミュニケーションのズレ」「組織にまつわるストレス＝会社からの期待とのズレ」についての対処法を知っておくことは、これから「カイシャ道」を歩んでいく方、そして「カイシャ道」の途中で悩んでいる方にとって一助となるはずと信じています。

会社でのストレスは、個人の成長機会である。だから、逃げない・めげない——ぜひ、そう前向きに捉えて、本書を読み進めていただければ幸いです。

逃げない・めげない　カイシャ道《みち》

目次

第I部

コミュニケーション
から「逃げない」

序章

ビジネスとは「擦り合わせ」の総称である

僕たちが自分の意見と異なる相手に対して示す態度には、大きく3つあるそうです。

「No」

「Yes, but」

「Yes, and」

それぞれ日本語にすると、

「いや、それは違うでしょ」

「うん、わかるわかる。でもさ……」

「たしかにそうだよね。さらに付け加えると……」

という感じでしょうか。

ちなみに、コピーライターの糸井重里《いといしげさと》さんは、「会議で相手の意見を否定するのはダメ。だって、価値を増やすのが僕らの仕事。否定は価値を増やさない」とおっしゃっているそうです。

ブレインストーミングの基本とも言えるスタンスですし、アイデアを創造する仕事にとって〝否定〟が害になるのはそのとおりだと思います（僕が創刊に携わったフリーマガジン『R25』の編集会議でも、相手の意見を否定しないブレインストーミングをベースとした会議運営を行っていました。具体的なやり方については、のちほど）。

とはいえ、ときには相手に対し強めのアタリで「No」と言うことも、ビジネスの現場では必要です。当然ながら、「時」と「場合」によって示すべき態度は変わるわけですが、それを瞬時に嗅《か》ぎ分けるには、それなりのコミュニケーションのスキルがいります。

仕事にはコミュニケーションが不可欠――そう言われて、そんなことはない、と否定できる人はいないでしょう。しかし、この〝コミュニケーション〟なるものは、いったい何なのか。

・社会生活を営む人間が互いに意思や感情、思考を伝達し合うこと。言語・文字・身振りなどを媒介として行われる。「―をもつ」「―の欠如」
・動物どうしの間で行われる、身振りや音声などによる情報伝達

辞書を調べると、その説明文には〝互いに〟〝し合う〟〝どうし〟といった言葉が使われています。これは、自分以外の「他者」の存在を前提としてコミュニケーションが説明されているということ。

それならば、コミュニケーションのスキルとは、頭の中に自分以外の「他者」をどれだけたくさん囲っているかどうかで、その善し悪しが決まるのではないかと思います。

自分の直感的な感性に対し、それとは異なる「他者」の感性を擬似的に擦り合わせることで、まわりが見えてくるというか、自分自身をある程度の距離を置いて客観的に見られるようになるというか。

どんなビジネスでも、会議や打ち合わせが皆無《かいむ》という現場は存在しません。人と人とが何かしらを〝擦り合わせる〟ための行為を総称したものをビジネスと呼ぶ、と考えても差

し支えないほどです。

アイデアを生み出したり、プレゼンを成功させたり、商談をまとめたり、メンバーをマネジメントしたり。ビジネスの現場の数だけ、そこに参加している人の数だけ、意見を擦り合わせるストレスの数だけ、コミュニケーションのスキルは「カイシャ」の中で日々磨かれているのです。

まず第I部では、このコミュニケーションのスキルについて、「自分を知る」「相手の期待を知る」「チームを動かす」の3要素に分けて説明していきたいと思います。

第一章

自分の特徴を知っていますか？

1

コミュニケーションの基本形

カツオくんの場合

サザエさんでカツオくんが1000円を拾ったときに、天使のカツオくんと悪魔のカツオくんが出てきて、

〈ここは交番に届けようよ。落とし主が困っているんだから〉

〈どうせバレやしないさ。欲しかったグローブが買えるぜ〉

とやりとりが始まる、みたいなシーンを見たことはありませんか?

カツオくんの中で「良心」と「邪心」が葛藤《かっとう》している状態ですが、登場人物としては今のところカツオくん本人のみの状態です。

世間の常識としての正義に従順なカツオと、他者からの告発がないことを前提に正義よ

りも自分の欲望を優先するカツオ。どちらを選ぶにせよ、メリット／デメリットの影響範囲はカツオくん本人だけでほぼ完結するといえるでしょう（1000円程度なら落とし主はあきらめる確率が高そうなので……）。

そんな葛藤中のカツオくんの前に登場するのが親友の中島くんです。

「あれ磯野、何してるんだい？」

カツオくんの頭の中に、登場人物が1人増えました。「他者」が侵入してきたのです。

〈中島はいつから見てたんだろう。僕が拾ったところは見てないはずだけど〉

〈中島には拾ったことを正直に伝えたほうがいいかな〉

〈いっそ中島も共犯にしてしまおうか〉

〈半分の500円をあげる代わりに秘密にしてもらおう〉

このようにカツオくんのストレスはどんどん高まっていくのですが、これは不正を告発する可能性のある他者が登場してきたことで、リスクが増大したためです。リスクを低減させる方法がないか、頭の中でシミュレーションを行う必要性があるからです。

〈中島ならきっと、交番に届けようと言うだろうな〉

〈でも僕がグローブを欲しがっていることを知っているし、黙っていてくれるかも〉

〈いや、それ以前に中島は僕が1000円拾ったところなんか見ているはずがない。だから何もなかったフリして誤魔化《ごまか》せばいいだけだ〉

カツオくんの頭の中に他者が1人増えただけで、思考が複雑になり拡散していくのがおわかりでしょうか。

「他者」というやっかいな存在

まず中島くんはカツオの行為を見ているのか、いないのか。次に見ているとして、彼はカツオに正義に従順なふるまいを期待しているのか、いないのか。さらに期待しているとして、カツオが正直に告白すれば黙っていてくれるのか、くれないのか。今度は黙っていてくれるとして、それは誰かに追及されたときでもずっと黙っていてくれるのか——。

どんどん場合分けが膨らんでいくのです。

極端なケーススタディでしたが、「他者」がいかにストレスを生む存在かをご理解いただけたかと思います。

さらに花沢さんが登場してきて3人になると、当然ながらストレスはもっと増大します。それは中島くん↓花沢さんという、カツオくんの介在しない関係性に対してもカツオくんは配慮する必要があるからです。

３人目の登場人物が花沢さんではなく、どこかの知らない人であれば、なおさら話は複雑化します。友人ならば考えていることがある程度想像できるし、カツオくんがどんな人物であるかを知ってくれているので誤解が少なそうですが、利害関係や信頼度合いが量れない相手の場合は、その度量を探るところからコミュニケーションを始めなくてはいけないのです。

そう考えると、コミュニケーションのストレスの大きさは、関係者の数と利害関係によって決まりそうです。具体的には、関係者が「２人」「３人以上の個人」「組織・団体」と、利害関係が「判明している」「判明してないが推測できる」「わからない」の掛け合わせ。「組織・団体」で「関係者の利害関係がわからない」ときがもっともストレスが高く、それを回避するための「擦り合わせのコミュニケーションスキル」が必須になっていきます（優秀な政治家や大企業の経営トップなど）。

次項からは、コミュニケーションのストレスの対処について、僕自身の経験を交えながら書いてみたいと思います。

2

自分のタイプを把握する

〝柔軟さ〟vs〝頑固さ〟

仕事の打ち合わせや会議で物別れに終わったとき。

「あの人は物事の判断をコロコロ変える。優柔不断にもほどがある。リーダーとして威厳《いげん》のないあんな人とはやってられない！」

と思ったり、

「あの人はまったくメンバーの意見を聞いてくれない。頑固にもほどがある。現場をわかっていないあんな人とはやってられない！」

と思ったり。

逆に上司やリーダーの立場からすれば、

「あいつには自分の意見というものがないのか。こっちが指摘したら〝ああそうですね、そのほうがいいかもしれません〟だなんて。あんなヤツとは仕事にならん！」

と思ったり、

「あいつはまったく頭が固いな。自分の意見以外は聞く耳を持たないなんて。あんなヤツとは仕事にならん！」

と思ったり。

はたして〝柔軟さ〟と〝頑固さ〟どちらが大切なのでしょう。

人とのコミュニケーションやビジネスの判断・決裁が求められる場においては、どちらも必要不可欠な要素です。みなさんの仕事の悩みやストレスも、原因を探っていくと〝柔軟さ〟と〝頑固さ〟のどちらか、もしくは両方が関係する問題点に辿りつくはずです。

この二律背反した要素を、時と場合によって的確に使い分けるスキルを身に付けることができれば、問題解決力や状況判断力が飛躍的に向上し、一段上のビジネスパーソンになれる——はずなのですが、一朝一夕で身に付けるのはなかなか難しいのが現実です。

ここではケーススタディで、自分自身の思考やコミュニケーションの特徴を知ることからスタートしたいと思います。

〈ケーススタディ〉あなたはどのタイプ？

ある会議に出席したところ、営業グループのマネージャーから「あと20万円でチームの営業目標が達成できるんだ。今回だけ特別に、１００万円の商品を20万円にディスカウントしてもらいたい。なんとかお願いできないだろうか？」と依頼されました。あなたは商品企画のメンバーですが、その会議には直属の上司は参加していません。

次のうち自分にもっとも近いのは、どの気持ち・発言でしょうか。

A　営業の気持ちをできるだけ汲《く》んで、実現できる方向で検討してあげたい。
「なるほど、あと20万円ですか。この場でははっきり言えませんが、できるだけその方向で実現できるよう上司と相談してみます」

B　今回だけ特別だという理由があいまいすぎる。一度例外を認めてしまえば、次回以降の抑制が利《き》かなくなる。
「ルールを変更することは基本的には難しいと思います。ご協力したいのはやまやまですが……」

C
ここで営業グループに貸しを作っておくと、他のことで有利になることがあるかもしれない。
「本当はNGですけど、なんとかなるかもしれません。とりあえず上司に掛け合ってみますよ。その代わり、来期の新商品の件、よろしくお願いしますね」

D
営業の達成よりも重要なのは、顧客にとって必要なものを販売しているかどうか。
「取引先はその商品を必要としているのでしょうか？　今回20万円にディスカウントし導入実績を作ることで、今後の継続した取引が見込めるかどうかが重要です。必要ない商品を目標のために格安で販売しても意味はありません」

A、B、C、Dのうち、〝柔軟さ〟に分類される対応はAとC、〝頑固さ〟に分類される対応はBとDになります。それぞれ微妙な違いがあるので、少し解説を。
〝柔軟さ〟のAとCには、「営業の役に立ちたい」と「自分の益になるなら」の違いがあります。

Aを選んだ方は、仕事において周囲の喜びを自分の喜びと捉えることが多く、人の役に立っている実感があることが何より重要。その分、頼まれた仕事を断れず抱え込みすぎてしまい、業務時間が長くなる傾向があるかもしれません。

一方、Cを選んだ方は、仕事において自分のアイデアを行動に移していくことが大切。人と違うことを考えるのが何より面白くて快感。その分、好き嫌いで仕事を選《え》り好みしてしまったり、自分のやりたいことが抑制されるとやる気がなくなったりする傾向があるのではないでしょうか。

〝頑固さ〟のBとDには、「これまでのルールを遵守《じゅんしゅ》」と「もっとも根本の価値観こそが重要」の違いがあります。

Bを選んだ方は、仕事において与えられた課題を的確にこなしていき、これまでのルールに従いながら改善を進めていくことが好きです。その分、これまでのルールと異なる判断を求められると不安になったり、決断を先送りにしたりしてしまう傾向があると思われます。

一方、Dを選んだ方は、自分の中に確固たる価値観があり、その価値観を推進していくことが何より重要。また実現のために努力を惜しまないため、その姿勢から自然とリーダー的な存在に。その分、自分の価値観と異なる相手の意見はあまり聞き入れず、独善的になったり支配的になったりする傾向があるのではないでしょうか。

適材適所を理解する

このように人にはそれぞれ特徴・傾向があり、その本質はなかなか変わらないと言われます。ちなみに僕は、どちらかといえばCタイプで「自分の益になるなら」柔軟に対応する傾向が強い。「自分が面白いと思うことには熱心」「人と違うことをするのが好き」な反面、「拘束されるとイライラする」「人から蔑《ないがし》ろにされるとやる気が出ない」「しまいには捨て鉢《ばち》な態度をとる」と性格診断されたこともあります。

「人の役に立ちたい」「ルールをきちんと守りたい」「面白いことで人を驚かしたい」「ぶれない価値観を持ち続けたい」――あらためてA～Dタイプそれぞれの特徴・傾向を書き記すと、どれも間違っていないし、ビジネスの現場ではどれも必要とされるものです。

とはいえ、それぞれの特徴が活かされる機会や力を発揮する場所というのは異なっています。ですから、適材適所を理解する、つまり、〝自分が得意な時と場合〟と〝自分が苦手な時と場合〟を知ることがとても重要になります。

そのためには、専門的な適性診断を受けることやビジネス心理学のセミナーを受講することなどもひとつの方法ですが、僕からは日常的にできる〝自分観察〟をおすすめします。

〝自分観察〟がもっともやりやすいのは、「決裁・判断が求められるような会議」もしくは「重要な情報共有が行われる会議」に参加しているときです（こう書くとものすごく大それた会議に見えますが、そんなことはありません。どんな職場にも週に1度以上は必ず何かしら、課題解決や情報共有のための打ち合わせがあるはずです）。

その会議で、自分が主体的に起案や議論しなければならないときはどれくらいあるでしょうか？　毎回自分が主体的、と答えた方には申し訳ありませんが、主体的でないときこそ、〝自分観察〟の出番です。

〝自分観察〟のやり方

1　前述したA〜Dのうち、自分とは特徴・傾向が違う人を3人程度ピックアップする。

2　自分が尊敬するもしくは学ぶべきところがあると思っている順に並べる。
3　それぞれから「学びたいポイント」を事前にメモしておく（頭の中で記憶しておくのも可）。
4　会議に参加しながら、その人の発言内容はもちろん、資料の作成の仕方、プレゼン時の表情や声のトーン、それに呼応して周囲の人のリアクションや会議全体の空気がどう変わったかを観察する。
5　普段の自分の考え方や行動とは違うポイントが見えたら（良いことも悪いことも）、なぜ違うのか、自分はなぜそうしないのか、どこに違和感を覚えるのかを、感覚的でかまわないので考えてみる。

こうすると、基本的に〝つまらない会議〟というのは激減します。

注意すべきは、あくまで自分観察のためであり、他人の評価をしているわけではないこと。上から目線で評価するような観察だと、結局、自分の特徴・傾向と合うか合わないかしか見えなくなり、せっかくの学ぶ機会を失ってしまう恐れがあります。

慣れてきたら〝反面教師編〟（自分と特徴・傾向が似ている人の「学びたくないポイント」「自分もやりがちな失敗ポイント」を事前にメモしておいて観察する）や、〝同種成功編〟（自分と似ているのに成功している人を観察する。これができるようになると、自分のスキルアップに直結する）など、観察の幅を広げていくのも面白く勉強になります。

ちなみに、先ほど紹介した4つのタイプは、誰もが知っている昔話の『桃太郎』に当てはめることができます。

A「人の役に立ちたい」→キジ。組織が円滑に活性化するための調整役
B「ルールをきちんと守りたい」→犬。目標達成するためのプロセスを明確化
C「面白いことで人を驚かしたい」→猿。困難を解決するために知恵を絞る
D「ぶれない価値観を持ち続けたい」→桃太郎。鬼を倒す、という大義を持つ

『桃太郎』の登場キャラクターに照らし合わせて、自分自身はもちろん、会社の上司や同僚がどのタイプなのかを考えてみるのもけっこう面白いです。ざっくりとコミュニケーションの特徴をつかみたいときには、意外とあなどれないたとえなので、ぜひ使ってみてください。

3　上司はわかってくれない？

上司という壁

転職を考えるきっかけの大きな理由のひとつに「上司とソリが合わないから」というのがあります。

会社で働いている以上、仕事は上司から下りてきますし、評価も上司が行うもの。とはいえ、物わかりのよい上司ばかりではありません。業績が高く社内で評価されている人物であったとしても、現場の細かいことまで興味を持ってきちんと向き合ってくれる上司はまれです。

どんな上司であろうと、会社組織のルールがしっかりしている企業であればあるほど、上司の許可なくして仕事を進めることはできない。自分のほうが現場をわかっていると思っていても、ジャッジしてもらうために上司とコミュニケーションをとらなければならないのです。

僕は編集者時代に、雑誌のタイトルや表紙のデザインについてプレゼンしたことが何度かありますが、タイトルやデザインの良し悪しの判断にはそれこそ専門的なセンスが必要で、正直、毎日営業数字を追っかけているような上司や役員には絶対にわからないだろう、と思っていました。

そうは言っても、その上司や役員に決裁をもらわないと前には進めないわけで、プレゼンのときには数種類の比較案を提示したり、事前に街頭アンケートを実施した結果を持ち込んだりと、それなりに工夫を凝《こ》らして臨んでいました。

ここでは、ある雑誌の表紙をリニューアルしたときのことを振り返ってみます。

僕　今回のリニューアルでは、これまでよりも年収の高い人にアピールすることをねらい、高級感を重視しました。紙質にもこだわり、ビニール加工にすることで、書店に並んだときにも目立つように工夫をしております。パターンとしてはA、B、Cの3種類をご用意していますが、Aは写真重視、Bはテキスト重視、Cはその中間となっています。

上司　ふーん、なるほどね。で、どれがオススメなの？

僕　そうですね、Aがオススメです。

上司　なんで？

僕　今回は高級誌△△の表紙でも活躍されている写真家の××さんに特別に協力いただき、彼の撮りおろし写真を使用する許可をいただきました。彼の写真を前面に出すことで、他の高級誌に負けないクオリティの表紙を作ることができると思っています。

上司　うーん、なんかあんまりピンとこないなぁ……。Bのように、どんな特集をやっているのかをちゃんと見せるほうが好きだな。

僕　そうでしょうか。今回は読者ターゲットも変更しているわけなので、これまでと同じ手法では高所得者層は動かせないと思いますが。

上司　別にこれまでと同じ手法だから、Bがいい、と言ってるわけじゃないけど。

僕　実は街頭アンケートもしていまして、銀座のブランドショップの近くで20名にお答えいただいたところ、Aが10票、Bが5票、Cが5票となっております。

上司　たった20名の結果だろう？　信憑性《しんぴょうせい》ないよ。あと写真家が有名かどうかも関係ない。とにかくAは、ピンとこない。

実際にあった話をベースにずいぶん簡略化していますが、上司がこうなってしまったら、オススメのAを推《お》し続けることは難しくなります。どうしてこんな展開になってしまったのでしょうか。

スペシャリストは要注意

僕の主張は「センスのある写真家を連れてきたので、大丈夫です。街頭でも結果出ていますし」と言っているだけで、それをわかってくれない上司を〝センスのない人〟扱いしていています。表紙は編集現場の領域なんだから、高級感という方向性が合っていれば、あとは任せてほしい――これが僕の本音です。

この上司は編集者としての僕を信頼してくれてはいましたが、何もかも丸投げするわけではありませんでした。当たり前ですが、上司は上司で説明責任があるので、自分が納得する答えを探しているわけです。

上司がピンときていなかったのは「他の高級誌とあまりに同質な表紙に思える。逆に書店で目立たなくなってしまい、これまでの顧客を逃し、新たな顧客も獲得できないリスクを感じる」ということでした。

これはかなりの正論で、自分の雑誌の表紙を前後で比較して「前より高級感あるよね」と論じても意味はなく、ライバル雑誌との比較や販売時の陳列の状態をちゃんと意識しているのかどうかを、上司は気にしていたのです。

僕自身もそれは意識していましたが、上司の観点を入れることで、よりリスク回避の具体策を明確にすることができました。その議論を数分交わしたことでお互いの認識の擦り合わせが完了し、「じゃ、いいよ。あとは任せた」となったのです。

これは編集という仕事に限らず、〝専門領域を担当している〟いわゆるスペシャリストだと自負されている方は要注意です。会話している相手が、その専門領域出身でない場合、本来であればより丁寧に説明すべきなのに、「どうせ相手は深く知らないから」「詳細はわかってもらえないから」と大雑把《おおざっぱ》に概要を伝えるだけでその場をやり過ごそうとしてしまうことはありませんか？

あまりにも初歩的な質問をされてしまうと、「えっ、そのレベルから会話しなきゃいけないの？」とゲンナリすることもあるかもしれませんが、手強《てごわ》い上司の場合、知らないフリをしてあなたの〝言動の一貫性〟を観察していることもあります（ビジネスの現場で経験を積んでいくと、専門領域の知識のある／なしにかかわらず、話者の〝言動の一貫性〟を見極めることで、信頼に足る情報なのか、人物なのかを判断できるようになります。あなたの上司も実はそういう人かもしれません）。

どんな質問に対しても相手への信頼や敬意を欠くことなく、その選択に至ったプロセスをきっちり伝えることが肝心なのです。

失敗でしか磨けないスキル

逆の立場になるケースもあります。

たとえば著名なデザイナーさんや作家さんとお仕事をさせていただくとき、あがってきたデザインや原稿が、どうもピンとこない。打ち合わせした内容とも違っている。そんなときに思い切って「ちょっと違和感あるんですが」と伝えると、場合によっては相手を怒らせてしまいます。

とくに編集者との阿吽《あうん》の呼吸を大事にするタイプのデザイナーさんや作家さんは、「わかってもらえないなら、もういい！」とその後のお付き合いすら止められてしまう。だから といって、僕の立場としては、ビジネスやサービスとの相関性がないかぎりは、どんなによい作品でもＯＫは出せない。

そんなときは、相手を尊重しつつ、〝僕〟の意見ではなく、読者の立場からの意見を言うように努めました。できるだけ客観的に、読者としての違和感を伝えることに徹する。

そのデザインや文章の〝受け手〟をイメージしながら――。

とはいえ、自分では最大限努力したつもりでも、結局わかりあうことができず疎遠になった作家さんもいるので、なかなか難しいのが現実です。今でも、自分のどの行動が疎遠になる原因になったのだろうかと、同じような事態に遭遇するたび思い出して暗くなったりして……。

でもこういった失敗体験を通して、コミュニケーションスキルは、一歩ずつ進歩していき、「このケースはあのときのケースに似ている」とアラートが自然と鳴るようになっていきました。

コミュニケーションには完成形がなく、自分の立場やビジネスモデルの違い、時代の変化などによっても変わっていくもの。そういう意味では失敗を繰り返すことでしか練磨《れんま》されることのないスキルとも言えます。

失敗をして凹《へこ》んだときこそスキルを磨くチャンス！　と捉えて、逃げず・めげずに前を向けるか否かが大切なのです。

第二章
相手の期待を理解できていますか？

4

相互理解ではなく相互共感／共有

再び、カツオくんの場合

コミュニケーションの本質は、相手を理解することである——。

どこかで聞いたことがあるフレーズですし、まぁそのとおりだよね、なんてとくに疑問も抱かない人も多いかと思いますが、僕個人としてはちょっと違和感を覚える言葉です。

もし相手を理解することができるのであれば、なぜ我々はこんなにも日々、擦り合わせを行っているのでしょうか？


ここで再びカツオくんの登場です。

カツオくんは親友の中島くんを放課後に野球に誘いたいのですが、明日は算数の追試があり、その勉強をしなければなりません。お昼休みに廊下で悩んでいるところに、中島くんがやってきました。

「おい、磯野。何してるんだい？」

「中島、ちょうどいいところに来た。今日の放課後、野球しようぜ」

「あれ、磯野は明日テストがあるんじゃなかったっけ？」

「そうなんだよ、でも野球もしたいし……。なぁ、中島、どうすればいい？」

「えっ、そんなこと言われても……」

この後に続く、カツオくんのセリフを2種類、考えてみました。


まずはパターンA。

「なぁ、中島。僕たちは、親友じゃないか。僕の気持ち、わかってくれるだろう？」

「ま、まぁ、わかるけどさ」

「来週、隣町との試合があるし、僕にとっては野球のほうが大事なんだよ」

「うーん、でも野球に集中するためにも、テストはちゃんと合格しないと、また追試になるよ」

「そんなことわかってるさ。先生や父さんみたいなこと、中島に言われたくないよ。親友のくせに、なんでわかってくれないのさ」

「磯野こそ、僕のことわかってないよ。僕は磯野のためを思って言ってるのに。とにかく、今日は僕もほかに用事があるし、野球はしない」

「なんだよ、中島のわからずや！」


次にパターンBです。

「なぁ、中島。中島が僕だとしたら、どっちを選ぶ？」

「そうだなぁ。もし僕が磯野なら、やっぱりテストを優先すると思う」

「どうして？」

「だって、今度のテストも落ちたら、また追試だろう？　さらに野球ができなくなるじゃないか」

「たしかに、そうなんだけど。来週は隣町との試合があるし、やっぱり気になって」

「磯野の気持ちはわかるよ。でもテストが気になって、野球に集中できなくなったら、意味がないじゃない」

「うん、うん」

「あと、僕にも今日はほかに用事があって、もともと野球できる予定じゃないんだ。ごめん」

「そうなんだ。でもありがとう、相談にのってくれて」

「いや、こっちこそ、役に立てなくてごめん。テスト頑張って、明日はすっきりした気持ちで野球しようぜ」

コミュニケーションの前提とゴール

またずいぶん極端な会話の事例ですが、パターンAはカツオくんが一方的に「中島くんは親友なので自分の心の葛藤を理解してくれている」と思い込んでいる状態です。

〝人は人を理解できる〟前提に立つことが行きすぎると、自分の意思に沿わない相手の意見が反論に聞こえてしまい、しまいには「なんでこの人は自分のことをわかってくれないんだろう」となりがちです。相手に甘えている、とも言えるかもしれません。

パターンBでは、まずは相手の意見や反応を求めます。相手の意見に自分が賛同できれば納得すればよいし、賛同できなければ「なぜ、その意見になったのか」の背景を教えてもらえればよい。自分の意思ははっきり伝えているので、相手も意見を出しやすくなります。

今回のケースでは、中島くんに用事があったのでカツオくんのテストとは別の理由で野球ができなかったわけですが、それを引き出すためにはカツオくんに会話の隙間《すきま》というか、リアクションの幅が必要です。

これまでの言動や事象から導くと今回のケースもおそらくこうなるだろう、という想定が上手な人は、コミュニケーションが上手な人と言えます。とはいえ、自分が相手を理解できる前提に立ちすぎて、相手のニーズを汲みとる作業を怠《おこた》れば、コミュニケーションは空振りに終わってしまうことが多くなります。

コミュニケーションの本質は、相手を完全に理解することはできない、という前提に立ったうえで、理解するための努力を怠らず、前回擦り合わせた地点からズレていないかどうか、ズレたとしたらそれは誰のどんな理由によって引き起こされたのかを、日々確認し合うことである――かなり長いですが、僕はそのように考えています。

とくにビジネスの現場では、製造している商品や運営しているサービスが、常に「内的な要因（自分たちで解決できるもの）」と「外的な要因（自分たちでは解決できないもの）」の2つの圧力を受けており、非連続的に環境変化を起こすのが当たり前です。

それならばある時点での相互の理解を突き詰めるよりも、相互の理解が浅くてもその場で共感／共有できる目的や課題解決を擦り合わせるほうが、スピードは速いですし、修正も利きやすい。

コミュニケーションの前提は、相互理解ではなく相互共感／共有。コミュニケーションのゴールは相互の妥協点をできるだけ高い地点で擦り合わせること——僕はそのように考えて実践しています。

5

商談で求められる3つのリアクション

コミュニケーションとは、リアクション芸である。

いきなり断言から始めてみましたが、ここまで見てきたように、コミュニケーションのスキルが必要となるシチュエーションの多くは、自分以外の他者によって受動的に引き起こされます。

取引先との商談のケーススタディを通して、ビジネスで必要とされるリアクションの種類を見てみましょう。

〈ケーススタディ〉腹の探り合いRound1　価格

ある商談が思いのほかうまく進み、取引先から「正式な見積もりをお願いします」と頼

まれたとしましょう。いったん社に戻り、きちんと上司の承認をもらわなければ正式な見積書は提出できないのですが、
「ざっくり、どれくらいになりそうですかね？」
と言われてしまいました。あなたならどうしますか？

おそらく無難な回答は、「上司と確認のうえ、あらためてご返答させていただきます」なんでしょうが、それはそれで他人行儀というか、せっかくのよい商談の雰囲気を壊しかねません。でもいいかげんな金額を伝えてしまうことで、のちのち不利を被《こうむ》ることになったら困ります。

経験的に、取引先がお金にまつわる部分に会話を進めてきたら、その商談は80％成功しています。ですが、お金の部分は、一番齟齬《そご》が起きやすい部分でもあります。
「いいものを、より安く手に入れたい」と思うのが取引先、「価値あるものを、できるだけ高く売りたい」のが我々。その差を埋めるための、擦り合わせ（腹の探り合い）のスタートが、先ほどの「ざっくり、どれくらい？」という一言なのです。

さあ、どうしましょう。

僕のシミュレーションでは、まずこのリアクションになりました。

「そうですねぇ、ご予算ってどれくらいか、お聞きしてもよろしいですか？」

相手の予算がわかっていないまま商談が進むことは、僕のような企画商売だとわりとあります。またパッケージ化されていて、商品の値段が明らかな場合でも、そのままの正価でお買い上げいただけるケースは稀《まれ》です。

取引先の懐《ふところ》具合をダイレクトに聞くことは失礼にあたるのでは？　と心配される方もいるかもしれませんが、相手の予算感がつかめれば、「できるだけご希望に沿うよう頑張ります」と答えることができますし、上司への相談もしやすい。コストの相場をつかむことができれば、リアクションは格段にとりやすくなります。

〈ケーススタディ〉腹の探り合いＲｏｕｎｄ２　効果

ところが、取引先はこう答えました。

「効果が想定どおりなのであれば、予算はそれなりに出せますよ」

——なんて意地悪な人でしょうか。

価格の値引きよりもやっかいなのは、効果（品質）の予測と保証です。広告であれば、投下したコストを上回る利益が出るのならば、誰だってお金を出します。システム開発であれば、それまでの人件費分をシステムが代替することでコストが削減でき、数カ月後に最初に投資したコストを回収できる効果が保証されるのであれば、誰だって投資しますよね。

そういった効果を保証することで取引を成立しやすくするケースもありますが、効果保証はリスクも伴います。

とくに広告の場合はどんなに理論武装をしても、ぶっちゃけ効果は「やってみなければわからない」ので、できるだけ期待値調整をしながら、取引先にもある程度リスクを飲んでいただかないと、こちらにとっては不利になりかねません。

とはいえ、この会話からヒントとして、取引先の担当者は「予算を自分自身の判断で決める権限がある、もしくは決裁者から予算を引き出す自信を持っている人である」ことが予測できます。

与えられた予算内で仕事をするのではなく、提案内容が取引先の事業拡大に寄与するのであれば、継続的にチャンスをもらうことが期待できそうです。いわゆるwin-winの関係性をつくることができるタイプです。

〈ケーススタディ〉腹の探り合いRound3　納期

僕の次のリアクションはこうなりました。

「いつまでに、どの程度の効果が、最低限必要だとお考えですか？」

取引先がお財布の紐《ひも》を緩める条件のうち、必要最低限のものを探ることは、今後の継続提案をするうえでももっとも大切なことだと思います。取引先との期待値の相場が形成されるので、格段にその後の調整がしやすくなるからです。

「半期後に、10％のコスト削減」とか「新商品発売2週間の初速売上が、過去類似商品並み」とか、短期的で具体的な数値目標について語られれば、今後はその数値目標をゴールにしながら約束できること／できないことの細部と納期を詰めていくことで、商談を進められそうですよね。

「3年後に、現在の売上の倍を目指している」とか「1年で新規事業領域の足がかりになる兆《きざ》しが生めればよい」とか、中長期的で抽象的な目標について語られれば、今後はその提案や取り組みにどのような成長性や拡張性があるか、どういった「違い」を市場で形成していくことができそうか、など大きめな視点で語りつつ、そのファーストステップとして「いつまでに、何をやるか」を落とし込めればよさそうです（余談ですが、僕個人は、中長期的な目標を一緒につくっていきながら、ステップごとに課題を明確にして仕事を一緒に進めていける取引先を一番大事にしています）。

逆にこの質問で「そういうのはまだ考えていない」「とにかく儲《もう》かればいい」といった、お茶を濁《にご》すような発言をする取引先の場合は、注意したほうがよいでしょう。提案内容を理解していない可能性もありますし、そもそもの「予算取りはいくらでもできる」発言も疑わしい。単に自分を大きく見せたくて、そういった発言をする人も世の中にはいますから。

「最低限の目標についても、一緒に考えてもらいたいと思っている」と答える取引先は、まだ脈ありというか、うまくはまれば大きな商売になるかもしれませんが、目標設定するためだけで時間や工数が余計にとられて、あまりおいしい商売にならないケースもあります。

リアクションの幅を広げる

ここまでの振り返りですが、僕のつたない経験で語ると、ビジネスで求められるリアクションは、ほぼ「価格」と「効果（品質）」と「納期」です。その3つについて、取引先の期待値を知ることができるかどうかで、リアクションの質が変わってきます。

取引先に有利な条件を提供するだけが、よいリアクションとはいえず、ときには厳しい話もできる関係性をつくることができれば、リアクションの幅も広がるというもの。

そういう意味では、「価格」「効果（品質）」「納期」の期待値を探ることは、取引先の目的を一緒に達成するパートナーとしてお互いが認め合う状態までいけるかどうかを探ることと同義かもしれません。

自分以外の他者のアクションがきっかけで始まるコミュニケーションであっても、あくまできっかけが受動的なだけであり、取引先との関係においてずっと受身である必要はありません。リアクションをしていくうちに、取引先と同等の立場、もしくはリードする立場まで持っていくためのスキルとして、僕は活用しています。

相手の客観情報を入手せよ

6

相手を見極めるときに必要なもの

第一章では「時」と「場合」の空気を嗅ぎ分け、その場で（おそらく）正しい態度や判断をするために、自分を客観視するスキルをご紹介しました。実はこのスキルは、相手を見極めるときにも重要になります。

ビジネスの現場では、「主観」なのか「客観」なのかという区別があいまいなままで物事が進んでしまうことがありますが、そういった場合、議論は拡散する一方でなかなか収束していきませんし、正しい判断や決裁ができにくくなることが多いのです。

今回は「主観」と「客観」があいまいになりやすいケースをご紹介しながら、その違いについて解説していきたいと思います。

〈ケーススタディ〉一緒に働きたい人物を見極める

みなさんは面接をする機会はありますか？

「面接をされる経験」はあっても「面接をする経験」は少ないかもしれませんが、面接というのはまさに、「主観」と「客観」がごちゃまぜになりやすいケースなのです（学生の方は、よい面接官とそうでない面接官を見極めるときに役立つかもしれないと思って読んでみてください）。

あなたは、会社の新卒採用の１次面接を任せられました。人事からは「学生時代のエピソードを聞いて、わが社の社風に合う人かどうか判断してほしい。要は〝一緒に働きたい人物かどうか〟を見てほしいんだ」と言われました。

面接時間は30分で、同時に３名を面接して選考をしなくてはなりません。学生に質問できるのは、多くても３問が限度です。あなたが次の質問をするならば、どちらの項目を選びますか？

質問①
A　学生時代にもっとも頑張ったことは何ですか？
B　学生時代を通して続けていることは何ですか？
質問②
C　①の中で、成功した経験を教えてください。
D　①の中で、苦労した経験を教えてください。
質問③
E　②を通して学んだことは何ですか？
F　②に至った要因は何だと思いますか？

いかがでしょうか？

結論から言ってしまえば、選択肢の前者（A、C、E）は学生の回答も面接官の印象も「主観」になりやすい質問で、選択肢の後者（B、D、F）は「客観」になりやすい質問です。

後者は、最終的に学生を判断しやすい「客観」的な情報が拾え、かつ2次面接の面接官への申し送りも的確にできやすいというメリットもあると考えられます。

質問が、引き出せる情報の質を決める

では、前者と後者の違いを細かく見ていきましょう。

まず質問①。「頑張ったこと」と「続けていること」の違いです。

「頑張ったかどうか」は、個人の尺度の問題です。よくあるのは「××サークルで活動し、3年生のときには部長としてチームをとりまとめました」というもの。本人はたしかに頑張ったのでしょうが、そのサークルの部長がどれほどの責任度や難易度であったのかは、なかなかわかりにくい。

また面接官も自分の体験と比較して「自分の学生時代のほうがよっぽど頑張ったよ。この学生はたいしたことないな」と勝手な尺度を持ってしまう危険性があります。

一方「続けていること」は、客観的な事実になりやすい。「小学生の頃から柔道をやっていて、現在は道場で小学生向けに指導をしています」とか「小さな頃から童話が好き

で、自作の童話を書き続けています」など、継続性のある事実を引き出すことができるので、その学生が持っている資質やポテンシャルなどを類推しやすくなります。

次に質問②。「成功した経験」と「苦労した経験」。

質問①にも近いですが、「成功（失敗）」は個人の尺度になりますが、「苦労した」は客観的事実が表出しやすくなります。「成功」も「オリンピックで金メダル」クラスであれば、それはすごい！　となりますが、「××学生選手権で準決勝進出」と言われても正直わかりにくい。中途採用であれば、仕事の成果を聞くことに価値があると思いますが、学生の成果はあまり選考には役立ちません。

「苦労した」経験については、成果が出ていようが出ていなかろうが、何かしらの壁にぶつかったとき、その学生がどうやって乗り越えた（乗り越えようとした）かの客観的事実を聞くことができるはずです。

もし〝壁の乗り越え方〟についての回答が、「とにかく思い続けることです」「気合いで乗り越えました」など主観的発言になってしまう学生ならば、仕事に対してもそのような姿勢で臨むだろうと思われます。仕事のミスの原因を聞いたら「自分の気合いが足りませんでした！」としか答えない人とは、僕はあまり一緒に働きたくはありません。

次に質問③。「学んだこと」と「至った要因」。

「チームワークの重要性について学びました」「人の意見に耳を傾ける大切さを知りました」などの回答自体は、とても素晴らしいものですが、その学生が〝本当に〟それを学んで身に付けているかどうかは判別できません。主観で言えるきれいごとはいくらでも創作可能なのです。

一方「至った要因」は、ある事象のプロセスを分解し、どこに問題があったのかを振り返る作業が必要になります。質問②の「苦労した経験」の流れで、自然とその苦労の要因を分析しその要因を解決すべく何かしらの努力をした、と整理して語ることのできる学生は、仕事の際にも同じアプローチをするだろうことが類推できます。

「至った要因」そのものよりも、その要因を発見するに至った経緯を聞くことで、その学生の〝思考の習慣〟を知るほうが重要なのです。

「主観」と「客観」の境目

新卒採用面接というのは、「短い時間で学生の資質を判断しなければならない」面接官と「短い時間で自分をアピールしなければならない」学生がぶつかり合う場です。

会社組織には自分と異なるタイプの人がいっぱいいて、価値観の多様性の中でチームが作られているにもかかわらず、面接官が「好き、嫌い」の主観で判断し、自分に類似した人物を選考してしまうのは、会社にも学生にも不幸なことです。

また口のうまい学生の〝作られたエピソード〟に騙《だま》されてしまう面接官もいます。そうならないためにも、できるだけ「客観的事実」が集まるような質問を投げかけ、その事実をもとに選考をしていく必要があります。

なんだか『正しい新卒採用面接の仕方』という本のような展開になってしまいましたが、僕が言いたかったのは、コミュニケーションを通して「（おそらく）正しい判断」をするためには、できるだけ客観的な事実を集め、その情報から判断する〝客観視の習慣〟を身に付ける必要があるということです。

〝客観視の習慣〟を身に付けるためには、ビジネスの現場で日々行われているコミュニケーションの中で、どの情報が「主観」でどの情報が「客観」なのかを、意識しながら過ごしてみてください。

また、物事が決裁される現場にいるときは、どのようなプロセスで決裁されていくのかを観察することで、「主観」情報と「客観」情報の重要性の差が理解できるようになっていくと思います。

最初はよくわからないかもしれませんが、意識し続けていれば、あるとき急に「主観」と「客観」の境目がわかるようになってきます。

7

「経験効果」の落とし穴

あるとき、突然うまくいかなくなった

ものづくりでは「経験効果」と呼ばれる「同一製品の生産量が多くなると、製品の生産コストが一定の割合で低くなる」というセオリーがあると言われます。仕事のスキルでも同じように、年齢を重ねるうちに経験が積まれて、事前準備が効率化され、かつ失敗することも少なくなっていきます。

一方、年齢を重ねて経験を積んでしまったがゆえの問題もあります。新しいビジネス領域や職種への対応ができなくなってくる、これまでの経験則と違うことを受け入れることができない、考え方が類型化されすぎて紋切型の対応をしてしまう、などなど。いわゆる〝経験が邪魔をする〟というヤツです。

僕は30代前半までは編集者としてキャリアを積んでいました。

編集現場でのコミュニケーションのストレス体験を通じ、「物事を俯瞰《ふかん》し、議論のボトルネックがどこにあるのかを冷静に把握しつつ、適切に相手との擦り合わせを進めていく」というコミュニケーションの基礎技術が磨かれていったのですが、あるときから、突然、うまくいかなくなりました。壁にぶちあたったのです。

今から振り返れば、大きく2つの要因がありました。

1つは「インターネットの台頭によりメディアビジネスの前提が崩れた」こと。もう1つは「自分のスキルに自信を持ちすぎていた」ことです。

インターネット前・後

1つめの「インターネットの台頭によりメディアビジネスの前提が崩れた」については、考察の難易度が高すぎるのと、それだけで1冊の本になるくらいのテーマなので、ここでは深く掘り下げることはしませんが、僕にとってインターネットは〝機会〟ではなく〝脅威《きょうい》〟の側面が大きいものでした。

なぜなら、それまで自分の中にあった考え方の前提が崩れたからです。

僕と同世代の中には、インターネットを〝機会〟として、大きなビジネスを生むことに成功した人たちがいますが、残念ながら僕はその立場にはなれませんでした。

インターネットの台頭する前と後で何が変わったか。僕の感覚的には、〝基盤をつくることから始めなければならなくなった〟という変化です。

無理矢理わかりやすくするため、「家を建てること」にたとえてみると……。

インターネット〈前〉
土地も用意され基礎工事も終わっている状態で、「どんな家を建てるのか」の企画詳細（間取りや生活スタイルに合った住まいのあり方）を詰めていくことに仕事の90％以上が費やされていた。

インターネット〈後〉
土地もなく基礎工事もされていないが、これまで考えもつかなかったところに土地を整備する技術が急速に発達し、しかも安く早くできるようになったので、もはや家を建てるというより「どんな都市計画をつくるのか」「どこに新たな土地を造成するのか」というスケールでの仕事が重要で、個々の「どんな家を建てるのか」は二の次になった。

前後の違いをわかっていただけるでしょうか？

恥ずかしながら、僕はこの違いに気づくまでに、2年かかりました。

逆に言えば、インターネットビジネスの担当になった2年間は、これまでの考え方の延長線上で、自分のスキルに過剰な自信を持ちながら進めていたのです。

おかげで、ずいぶんとんちんかんなジャッジをしてしまいました。その頃のメンバーには、ずいぶんと迷惑をかけたと思います。本当にごめんなさい。

WEBサイトのリニューアル

恥をしのんでひとつだけ、その頃の事例をお話しさせていただきます。『R25』のWEBサイトのリニューアルに際してのエピソードです。

僕は31歳のときに、『R25』というフリーマガジンを創刊しました。コンセプトは「25

歳から34歳までの男性ビジネスマンが、帰りの電車の30分で、日経新聞を知ったかぶりできる無料の週刊誌」です。首都圏を中心に50万部以上を配布し、数日でなくなってしまうほど人気が高いフリーマガジンとして話題になりました。

その後、若い世代のＷＥＢや携帯電話への接触頻度が増加するにつれ、フリーマガジンだけでなくもっとデジタル投資をすべきだ、という意見が創刊から１～２年後によく出てくるようになりました。

当時『Ｒ25』には携帯向けのモバイルサイトとＰＣ向けのＷＥＢサイトがありましたが、モバイルのほうは別の責任者が取り仕切っていたので、僕はＰＣ向けＷＥＢサイトの責任者をフリーマガジンの編集長との兼務で担当することになりました。

僕のミッションは、当時は『Ｒ25』の配布場所のお知らせや次号予告レベルの情報しか提供していなかった『R25.jp』というサイトを収益が上がる状況にせよ、というもの。

まずはＷＥＢサイトとして「どんなサイトコンセプトにするのか」から議論を開始しました。

〈WEBサービスを過去に経験しているメンバーの意見〉

・大量のユーザーがいなければ勝負にならない。集客のためGoogleのような検索連動型広告に億単位の投資をすべき

・ユーザーの満足度を上げ、かつページビューを稼ぐためにも記事コンテンツは大量に生産すべき。記事はユーザー投稿でもかまわない。質より量だ

・広告型のビジネスだけでなく、ユーザー課金やEコマースなどの多様なビジネス展開をすべき

「どんな記事コンテンツをつくるかを考えるのではなく、新しいビジネスモデルをどう構築するかを考えろ」と言っているわけです。まさに「家の間取りでなくて都市計画をつくれ」ということに近い。が、正直、当時の僕にはほとんどピンときませんでした。

〈僕の反論〉

・そもそも『R25』という若い世代に大量リーチできるメディアがあるのに、わざわざWEBサービスのために追加の検索広告を投下するなんてコストの無駄

・『R25』の記事は、毎週300本のネタから会議で25本に厳選して制作している。もし週に100本の記事をつくるとなると、記事の質が下がり、『R25』のブランド価値すら下がってしまうことになりかねない。ユーザー投稿なんてさらに質を下げるだけ

・クロスメディア広告がうまくいっているのであれば、帰りの通勤電車の中→フリーマガジンと中吊り広告、家に帰ってから→フリーマガジンと「R25.jp」、という新たなクロスメディア広告の展開ができれば広告費も拡張するはず

僕の意見は、「コンテンツ（＝家の間取り）をつくる技術こそが我々の強みなんだから、それを最大限活かすべきでしょう」というものです

この意見は、これまでフリーマガジンを苦労の末なんとかビジネス化してきた編集部や代理店の声を代弁したものでもありました。当然ながら会議でも賛成多数となり、結果「WEB R25」のリニューアルは、「これまで」のフリーマガジンの成功体験の延長線上で考えられることになったのです。

リニューアルのコンセプトは以下となりました。

・ビジネスマンの帰宅後の〝夜〟に楽しんでもらえるサイトにする

・『R25』のキャラクターのフラッシュアニメーションを活用して、TVのように〝ながら見〟できるサイトにする
・記事の量は、『R25』の過去記事で担保する
・広告がサイトデザインに映《は》えるような仕掛けを導入。サイト全体を広告でジャックすることも可能にする
・サイトへの集客は、フリーマガジンや中吊りで徹底的に告知する

成功は失敗のもと……？

リニューアルした「WEB R25」は、「見た目も仕掛けも面白いサイト」「雑誌のような楽しさを味わえるコンテンツ重視のサイト」として一部で評価を受けることとなりましたが、ことごとくWEBの常識を無視していた（というか僕が無知だった）ため、ほとんど成果をあげることはできませんでした。

なかでも致命的だったのは、見た目の楽しさを優先するため、情報のほとんどを画像またはフラッシュでつくってしまったこと。これによって、

「Googleなどの検索エンジンにひっかからないので、検索順位が上がらない」

「フラッシュが重くて画面が表示されるのに1秒以上かかる」

「サーバー負荷がかかってしまい新たなサーバーを追加しなければならない」

などの事象が起きました。

WEBサービスの担当であれば、「検索から流入するユーザーを増やすために、どれだけ検索順位の上位に上げるか」「ユーザー離れを防ぐために、0・1秒でも早く表示させるにはどうすればいいか」「サーバーや通信ネットワークのコストを少しでも下げるためにどうすればいいか」を考えてしかるべきなのですが、そのときの僕は失敗するまで、フリーマガジン的な思考でWEBサービスを成功させることができる、と思い込んでいたのです。

まさに経験に縛られ、誤った判断をしてしまった典型的な苦い事例です。

コミュニケーションのストレス経験が蓄積されていく中でスキルが磨かれていくのは事実ですが、ある程度スキルが確立できた、と自分自身で感じたときこそ、「経験効果の落とし穴」にご注意ください。

コラム1
信頼を失ってしまった相手とやり直したい

Q　入社して間もない頃、大きなミスをして取引先に迷惑をかけてしまいました。4年経った今、当時の担当者とまた、仕事上やりとりが必要な状況になっています。当時謝罪はしているものの、やはりなんとなく避けられています。また信頼してもらうには、どうすればよいでしょうか。（27歳・金融関係）

A　難しい問題ですね。信頼を積み上げるのは時間がかかりますが、失うのは一瞬です（僕もお酒の席の不用意な発言で、何度も失敗をしています……お恥ずかしながら）。

とはいえ、仕事は「相互間での価値の提供」が前提となっているわけですから、まずは仕事で相手に貢献することにコミットする（強く約束する）のが重要です。相手の課題を解決することで価値を返していき、「じゃあ、もう少し重めの悩みも相談してみようかな」と徐々に相手側のニーズを引き出していく。

ニーズに応える、もしくはニーズに応えるために精一杯努力を尽くしている状態が

4回、5回と続いていけば、相手側も壁を取り払ってくれるはずです。

それに仕事は1対1ではありません。あなたのその成果と姿勢が周囲の人たちに認められれば、自分を避けている相手に対し「彼はよく頑張ってますよ」と進言してくれるようになります。人は、第三者の評価を無下《むげ》にすることはできませんから、相手も評価をゆっくりと改めるようになるでしょう。

気をつけなければいけないのは、嫌われている相手だけに貢献をコミットし、それ以外の取引先では手を抜いている、なんて状態になっていないか。あいつは相手を見てビジネスの対応を変える人間なんだな——という評判ほどやっかいなものはありませんし、その評判を覆《くつがえ》すのは、さらに努力を要することになりますのでご注意を。

第三章
組織やチームを動かすことはできていますか？

8

メンバーの力を最大限に活かす

みなさんはカイシャでどんなチームで仕事をしていますか？

お互いを刺激し高め合うコミュニケーションが当たり前のようにある環境で仕事ができている、と答えられる人はとても素晴らしいですが、そんなチームに所属している人はとても少ないのが現実です。

どちらかといえば、仮にチームに恵まれていなくても、それなりに成果を出していくことがビジネスには求められますし、逆にそういった環境で成果を出せることが示せれば、会社からの評価がされやすいのも事実。そのためにも、自分を活かしてもらうのを待つだけではなく、「チームを動かす技術」「メンバーの力を最大限に活かす技術」を身に付けることができると強いです。

ちなみに、僕が個人的に実践しているのは、

・お互いを認め合う空気をつくる
・相手の意見をむやみに否定しない

の2つです。わかりにくいかと思うので、再び『R25』のエピソードを交えてお話ししたいと思います。

会議に向いていない集団

フリーマガジン『R25』では、日経新聞を知ったかぶりできるビジネスコラム記事が人気でした。電車の中で読みやすいように工夫し、1コラムが800文字（1駅通過の2分程度で1コラムが読めるように設計）で、25個のコラムを用意しました。

この25個のコラムは政治経済からスポーツ芸能ネタまで、若手ビジネスマンに必要とされる情報を網羅《もうら》するよう心がけていたのですが、まさにそのコラムを選ぶための『R25』式編集会議が「相手を活かす技術」の集大成だったように思います。

『R25』は創刊する前に、テスト号を4冊発行したのですが、その当時の社内編集者は僕とアシスタントが1名。他は外部の編集者やライターさんの力を借りながら運営していました。

外部の編集者やライターさんは、みなさん当時20代後半から30代ながらも非常に優秀な人が多く、僕が一人ひとり『R25』のコンセプトを説明しつつ、賛同を得られた方々に参加してもらっていました。

みなさん優秀でしたが、優秀であるがゆえに癖《くせ》やアクも強く、そのうえ会社に属さずフリーランスで生活されている人ばかりだったので、そもそも会議をやること自体あまり好きではない、もしくは向いていない集団でした。

自分自身の専門分野に対してのプライドも高く、相手を非難することも辞さない。自分の企画やネタには自信があるので、自分が信頼できない相手にいい加減な評価をされたくない。そんな人たちです。

また、編集者やライターさんは基本的に「面白いことで人を驚かせたい」タイプが多く、僕自身もそうなので、会議自体が同質化してしまう懸念《けねん》もありました。つまり、似た者同士が面白がるようなマニアックな企画のほうが、ネタとして採用されやすくなるのです。

『R25』は普段活字を読まない人をターゲットにしていたので、いかに「フツーの若者」

の感覚を持って企画やネタをチョイスするかが重要でした。

『R25』式編集会議

それを踏まえて考えたのが、以下の編集会議運営方針です。

〈『R25』式編集会議のルール〉

①前日の夜までにネタを担当者にメールで送る
②担当者は誰のネタかわからないよう無記名にし、同一フォーマットでネタ帳を作成する
③会議開始から30分、ネタ帳を全員で熟読
④面白いと思ったネタを、自薦《じせん》他薦《たせん》問わず出していく
⑤ネタの内容が変わってもいいので、ネタを膨らませていく
⑥参加者の3分の2が面白がったネタを採用

〈司会者（僕）のルール〉
・知ったかぶりをしない
・話を途中でさえぎらない
・否定をしない（意見を否定したくなったら話題を変える）

ちなみに、通常の編集会議は、担当者が自分のネタの企画書を持ち込み、どこが面白いのかを自らが編集長にプレゼンする、というのが一般的です。

この方法だと、会議参加者同士は〝ネタを採用されるか否かを競うライバル〟になってしまいます（それだからこそ、磨かれたネタが出来上がるのだ、という考え方もありますが）。『R25』では、編集者が会議の場でライバルにならないよう、無記名にすることで「誰のネタか」ではなく「どんなネタか」に議論が集中するようにしました。

そうすることで、僕も意外だったのですが、参加者は〝自薦〟よりも〝他薦〟することが圧倒的に多くなり、回を重ねるごとに「自分は書けないけど、知りたいネタ」が出てくるようになりました。

つまり、会議の目的である「フツーの若者」が知りたいネタをチョイスするために、みんながそれぞれの専門分野を超えてワイワイガヤガヤしゃべり合う場になり、恐れていた編集者同士のプライドのぶつかり合いがほとんどなくなったのです。まさに「お互いを認め合う空気」が生まれました。

また、会議の司会者であり、かつ決裁者でもあった僕自身にも「相手の意見をむやみに否定しない」ルールを課すことで、言いたいことが言いやすい会議の雰囲気をつくっていくことができました。

編集会議というちょっと特殊な事例ではありましたが、他の会議にも応用できる要素はあると思います。あくまで、〝ネタを無記名にした〟ことは「お互いを認め合う空気」をつくるための手段であり、そうしなくても認め合う空気はつくれます。

たとえば、「会議の最初にアイスブレークとして、昨日あったちょっといい話をひとり30秒ずつ言い、言い終わったら必ず全員で拍手をする」とか「できるだけ結論はリーダーではなく現場の担当メンバーに言ってもらうようにする」とか。もちろん相手の意見をむやみに否定しないルールは継続してもらうことが前提です。

次項でも引き続き、会議を動かすスキルについて考えていきます。

9

「会議を壊す人」の傾向と対策

なぜ会議はまとまらないのか

「会議を有意義にしたい」「できれば何らかの貢献をしたい」と思って会議に参加する人が多いと、その会議は良い会議になる――はずなのですが、意外とそうでもないのが現実です。経験的には、会議への貢献意欲が高い人たちが参加している会議なのに、話の前提が擦り合っていないまま進んでしまい〝まとまらない会議〟になるケースがよくある。不思議ですよね。

どうしてそんな不思議なことが起こるのか。

おそらくそれは、人は人に認められたいという〝承認欲求〟を持っているから。

とくにビジネスの現場で、できるだけ自分を優秀に見せることで相手からの信頼を得たいと行動することは、極めて自然なことですし、仕事に真面目な人ほどそういう意識を持っていることが多いでしょう。

しかし、この誰もが持っている自然な承認欲求が会議の進行を邪魔したり、ときには会議を壊してしまうことがあるから、やっかいです。

承認欲求にはいくつかありますが、会議を壊しやすい事例として、

・信頼されたい（バカにされたくない）
・理解力の高い（話がわかる）人間だと思われたい
・有言実行な人間だと思われたい

の3つの欲求を取り上げてみたいと思います。

〈ケーススタディ〉全体会のプログラムと役割分担を決定する

「期の初めなので、今期の戦略を伝えるために部に所属しているメンバーを集めて全体会を行う。その会の中身と役割分担を決める」

あなたは部全体の運営を行う企画チームに所属しています。メンバーは5人で、あなた

はリーダーとして、会議を仕切る役目になっています。この会議に部長は参加しませんが、部長からは何を全体会で伝えたいのかを記したメールが、事前に5人へ送られています。

会議のゴールは、全体会のプログラム案の合意と、それに基づいた各人の役割の決定。それではシミュレーションスタートです。

リーダー　部長からのメールはすでに読んでもらっていると思いますが、今回の全体会は、できるだけ部の全員の参加感が醸成《じょうせい》できるようにしたい、とのことでした。これについてアイデアがある方はいますか？

Aさん　私たちの部は100人いますよね。仮に1人に1分発言してもらうとしても、100分は必要となります。会議は長くても10時30分までに終了してほしい、と他部署からの要望がきています。9時スタートとしても90分。全員から一言もらうのは難しいと思います。

Bさん　それなら、1人30秒にすればいいのでは？　50分に短縮されるし、部長の挨拶が30分だとしても十分時間がとれます。

リーダー　たしかにそうですが、全員が発言することが、本当に部長のおっしゃる参加感の醸成になるのでしょうか。

Cさん　そもそも参加感の醸成って、どういうことなのでしょう？

Aさん　私は参加者全員が発言しないと、参加感の醸成ができないと思います。

Bさん　私もそう思います。

Dさん　参加感を一体感、と捉えることもできますよね。部長がおっしゃることが一体感だとすると、部の全員が登場するムービーをつくって、それを放映するってのもあるかもしれません。

Bさん　あ、私が言いたかったことはそれです。一体感ってやつ。

Aさん　一体感というのもわかるけど、ムービーの作成は時間と予算の問題で現実的には難しい。今から間に合うのは、全員に今期のスローガンを一言発言してもらうので精一杯じゃないかと……。

Cさん　そもそも部長がおっしゃる参加感とか一体感とか、必要な理由がわかりません。部長が伝えたいことを伝えるのが、いつもの全体会じゃないですか。いつもどおりの全体会を進行するだけでも、私たちは大変なのに……。

Dさん　いつもの全体会では、事後アンケートの結果、参加者の満足度がそこまで高くないのを部長は心配されているんだと思います。私たちの役目として、単に会を無事運営させるだけでなく、参加者の満足度を高めることまでを、部長は望んでいるのではないでしょうか。

相変わらず都合のよいシミュレーションですが、まとまらない会議の典型ってこんな感じではありませんか？　僕も週に3度くらいは遭遇していました。

さて、このシミュレーションの中で、先ほどの〝会議を壊す3つの承認欲求〟に当てはまるのは誰でしょうか。みなさんも、AさんからDさんまでの4人が、どのタイプに近いか考えてみてください。

・信頼されたい（バカにされたくない）

僕の見立てでは、Bさんです。追従型、とも言えますが、他の人の意見にかぶせて発言をすることで、〝自分は多様な意見を持っている〟とアピールしています。

Bさんには自分の意見はなく、場の空気を読みながら、その場でもっともよさそうな意見に同調していきます。参加者に信頼されたい、バカにされたくない一心での行為とも言えますが、リーダーから見れば意見がコロコロ変わって会議を掻《か》きまわすので困り者と感じるでしょう。でも場の空気で意見を変える程度であれば実害は少ない。リーダーは、うんうん、なるほど、とその人の発言に耳を傾ければいいのです。

逆にこのタイプは、場の空気を読むのに長《た》けているので、味方につければ会議の進行を助けてくれる存在になります。しかしBさんが、場の空気ではなく、声の大きい小さい（影響力の大きい小さい）で意見を変えてしまうようになるとやっかいです。

会社組織では、仕事の実力とは別に、影響力の大きい人があまり好ましくない意見に固執して、結論を捻《ね》じ曲げてしまう場合も多い。そういうときにBさんのようなタイプが同調し始めると、会議が声の大きい人の意見だけに支配され、他の意見を寄せつけなくなってしまう危険性が出てきます。

・理解力の高い（話のわかる）人間だと思われたい

これは、Dさんです。シミュレーションでは、一番まともな意見を述べているように思えますが、実行性が低かったり、抽象度が高かったりする発言になりがちで、意外とまわりからは疎《うと》まれてしまうケースがあります。

今回の会議には出席していませんが、Dさんが気にしているのは、部長の存在。全体会の〝発注者〟である部長の要望をできるだけ満たすため、部長の指示の背景まで踏まえて発言しているのはよいのですが、現実との折り合いをつけないかぎり実行には結びつきません。

リーダーが妥協策を探っているときに、Dさんが「でも部長は、部長は」と言い出すと、かなり扱いに困ってしまうでしょう（ちなみに「部長は、部長は」を「クライアントは」とか「顧客は」とか「取引先は」に変えてみると、よりDさんタイプの実感値が高まるかもしれませんのでお試しを）。

ビジネスの現場では、他者からの要望がきっかけで仕事が発生することが多いので、「話のわかる人間だと思われたい」タイプは、要望にできるだけ忠実でありたい、という信念を持った人であるともいえます。

しかし現実には理想が高すぎて議論を拡散させてしまったまま、収束させずに終わってしまうことが多い。リーダーとしては「正しい意見の持ち主」だけに仕切るのがやっかいなタイプです。

・有言実行な人間だと思われたい

これは、AさんとCさん。同じタイプながら、少し系統が違っていて、Aさんは「ネガティブ思考系」で、Cさんは「変化を望まない系」です。

ふたりとも超現実的で、頼まれたことはしっかりやりきるが、やりきる自信がないことは引き受けない。リーダーとしては、どちらも実行力はあるので味方につけたいタイプなのですが、思考が凝り固まっていることが多いので、考え方をほぐすのはけっこう大変です。

「ネガティブ思考系」のAさんの特徴は、とにかく発言が否定で終わる。「こうしたらいいんじゃない？」というアイデアが出ると、重箱の隅をつつくかのように「いや、それは予算が」「時間が」「人員が」などと言い始めます。

Aさんは実行のために、よかれと思って言っていて悪気はないのですが、会議のアイデア出しのときに否定的発言を繰り返されると、場の空気は澱《よど》んでしまいます。アイデアブレストのときは、Aさんに「あくまでアイデアベースだから、実行できるできないは、後ほど考えましょう」と釘《くぎ》をさす必要があります。

「変化を望まない系」のCさんは、未来よりも過去、新規よりも既存に固執しがちです。Cさんの場合はアイデアが出ると「これまではそうしてなかった」「一度試したがダメだった」「新しいことに取り組む意味がわからない」といった発言で、アイデアを殺し始めます。

Cさんの場合も、失敗するリスクを軽減させるための発言で悪気はない、ともとれます。しかしCさんの思考が、これまでを踏襲する＝考えることが面倒くさい、となっているとリーダーとしてはやっかいです。

さらに〝ミスが起こっても、責任は私にはない〟ことの証明だけが重要事項になってしまったCさんが、声の大きいタイプだったら――場の空気がCさんの引力に吸い込まれ、まったく創造性のない会議になってしまう危険性が高くなるでしょう。

〝壊れそうな会議〟はボトルネックを探せ

自分が壊す側にならないためには、できるだけ会議を俯瞰して見る訓練が必要ですが、逆にそういった〝壊れそうな会議〟を仕切る立場になってしまった場合どうすればよいのか、というほうがけっこう切実だったりしますよね。

さて、あなたなら、この会議をどう仕切っていきますか？

仕切り方にも当然いろんな方法がありますが、いきなり解決策から考えることは得策ではありません。

僕の場合は〝会議のボトルネックを探る〟からスタートします。

ボトルネックとは「瓶の首」の意ですが、瓶の一番狭い部分は液体の流れがもっとも悪くなるため、流れが詰まってしまい全体の効率を悪化させてしまいます。同じように、物事がなかなか進まないときは、その流れを詰まらせる原因があり、それがどこにあるのかを見つけなければ、解決の糸口を見つけることができません。

「課題解決よりも、課題設定のほうが難しくて価値が高い」なんて言われることもあるくらい、ボトルネックを見つけるのは、意外と難しいんです。

では、今回のシミュレーションにおいて、ボトルネックはどこにありそうでしょうか？ちょっと考えてみましょう。

ちなみにボトルネックはひとつではありませんが、その時点でもっとも効率を悪化させているボトルネックを発見できれば、解決までのスピードは速くなりますので、できるだけ根本的なボトルネックを探索することをおすすめします。

ボトルネックの人の動かし方

僕が注目するポイントは、Cさんの次の発言です。

「そもそも部長がおっしゃる参加感とか一体感とか、必要な理由がわかりません。部長が伝えたいことを伝えるのが、いつもの全体会じゃないですか。いつもどおりの全体会を進行するだけでも、私たちは大変なのに……」

そもそも発注者である部長の要望「参加感の醸成」に対して、納得していません。他の参加者が、基本的に発注者からの要望に応えようとして、あれこれ考えているのに、Cさんだけはここの前提が揃っていない。

発注者の要望に疑いを持つな、というわけではないのですが、この場合他の会議参加者と前提が揃っていないことが問題です。

加えてCさんはタイプとして、有言実行タイプでかつ〝いつものやり方〟に固執し変化を嫌う傾向があります。Cさんにとっては、ミスを犯さないことが第一優先であり、具体的なイメージが湧かない限り、自発的には動いてくれそうもありません。

リーダーが直接説得するのが難しいようであれば、他の人にお願いするのもひとつの手です。今回の参加者の中にCさんの態度を軟化してくれそうなタイプはいるでしょうか？

リーダーの意向と近そうなのは〝話のわかる人と思われたい〟Dさんなのですが、僕の経験的にはDさんタイプとCさんタイプは、水と油の関係になりがちです。Dさんは理想を求めるタイプゆえ実行性に乏しいプランが多く、Cさんから見れば、結局最終的に実行段階になれば自分が尻拭《しりぬぐ》いをしなければならない、と思っているので、Dさんの意見にはほとんど賛同してくれないでしょう。

タイプを見極めてシミュレーションする

リーダーが味方につけるとよいのは、この場合Aさんです。AさんもCさんも有言実行タイプで近いというのもありますし、Aさんは少なくとも部長の要望には疑問を持っていません。

とはいえAさんも、今回の要望に対する具体的な実行プランを思いついていないので、ネガティブな発言が多い状態です。そんなAさんに、どのように声をかけるべきか。僕は、2つのアプローチを考えてみました。

（その1）

リーダー　みなさん、積極的な発言、ありがとうございます。ちょっとここで整理したいのですが、Aさんは、これまでの全体会で〝参加感〟を感じたことはありますか？　ぶっちゃけて言えば、私はそこまで感じていないんですが。

（その2）

リーダー　みなさん、積極的な発言、ありがとうございます。先ほどDさんから参加感の醸成のために、まずは満足度を高める施策を考えるべきでは、というご意見をいただきましたが、Aさんならどんなアイデアがありますか？

（その1）は、Aさんはバランス的に一般の社員と近い感性の持ち主である、と設定し、そのAさんが参加感を感じるかどうかを、今回の課題解決のリトマス試験紙のようにして会議を進めていく手法です。

Aさんはそもそもネガティブな視点で見るタイプでしょうから、全体会の評価についても辛口なはずです。「そんなAさんでも参加感を感じてもらえる状態ってどんなものなの？」というのを、今回の会議における問題解決の共通項にしてしまうことで、全員の前提を揃えにいくのです。

一般的に人は仮想の状態で考えるよりも、目の前にいる人にフォーカスをあてて考えたほうがアイデアは出やすいですし、少なくともCさんとDさんの前提がバラバラな議論になることは防げるはずです。

注意点があるとすれば、Aさんが自分の意見をぶっちゃけて言うのが苦手なタイプの場合。Aさんがリアクションしてくれなければ、議論がそこで止まってしまいますので、どれだけリーダーが〝ぶっちゃけトーク〟をしやすい雰囲気にできるか、がポイントになります。

（その2）は、Aさんにちょっと負荷がかかりますが、CさんとDさんの距離を縮めてもらう役割をしてもらう手法です。

Aさんは、Cさんと同じで現実的思考を持っていますが、Dさんの意見を真《ま》っ向《こう》から否定することはないと思われます。おそらく意見を求められれば、Dさんの理想論をベースに、何かしら各論で実現するための解決策を提示しようとするはずです。

Aさんのアイデアに対しては、同じ思考のCさんは好意を持って聞いてくれるので、そこまで態度を頑《かたく》なにはしないでしょう。Dさんも自分の意見そのものを否定されているわけではありませんから、Aさんの意見についてポジティブに耳を傾けるはず。

リーダーは、Aさんの負担を理解しつつ、どんなにささいなアイデアでもAさんが出してくれた意見について、「それは面白いですねー」「なるほど、それは気がつかなかった」「たしかに、そのアイデア、ありですね！」など、うまく相槌《あいづち》を打ってポジティブな雰囲気をつくることができれば、おそらく乗り切れるでしょう。

〝壊れそうな会議〟では、参加者それぞれが持っている承認欲求が噛み合っていないケースが多いです。リーダーはそれらを見極めて、うまく軌道修正をしながら進めることが大切です。

とはいえ、僕も何度も失敗を重ねてようやく見極めがつくようになったので、「逃げず」にトライし続けてみてください。

10

「ファシリテーション」の落とし穴

ファシリテーションという言葉を知って……

会議の仕切り役を担当するようになり、最初は戸惑ったものの経験を積むにつれ慣れてきて、毎回成果を出せるようになってきたと感じていた頃の話です。「ファシリテーション」なる言葉を知り、それを実践したつもりになっていた頃とも言えます。

ファシリテーションとは、狭義には「会議やミーティングが円滑に運営されるための議事進行のスキル」、広義には「グループでの活動を円滑に進め、かつ創造性を最大化させるための中立的な立場での支援行為」とされます。

ファシリテーションを行う人はファシリテーターと呼ばれ、参加者の発言を促したり、話の流れを整理したりするなどを通じて、合意形成や相互理解をサポートする役割を果たします。

大事なポイントは、あくまで主体は参加者にあり、ファシリテーターが意思決定や指示、指導を行わないこと。参加者本人の理解や納得を促進することで、自立した行動・意思決定の支援に徹するのがよいとされます。

あるとき上司から「広告営業部と商品企画部の会議がどうもうまくいっていないようだ。このままでは来期の売上計画もままならない。ちょっとサポートしてやってくれ」と相談され、その会議に仕切り役として参加することになりました。当時の僕は「R25事業部」という、広告営業部と商品企画部を束ねる部署に所属していました。

ちなみに広告営業部は、広告売上を拡大していく責任があり、商品企画部は、その広告を掲載するメディアのパワーを高める責任がありました。

僕としては、まずはファシリテーターに徹し、広告営業と商品企画のメンバーの相互理解を深めてあげることが先決だと思ってはいたものの、売上計画の提出期限が迫っていたこともあり、頭の中では「だいたいこれくらいの数字だな」というゴールイメージを事前にシミュレーションしたうえで参加しました。

〈ケーススタディ〉広告営業部と商品企画部のギャップを埋める

僕　今日は、広告営業部と商品企画部の考え方にどんなギャップがあるのかを明らかにすることと、そのギャップを埋めるための解決策についての議論をしたいと思っています。可能であれば、具体的な計画数字の落とし所まで進行できれば最高ですね。では営業部の方から、お願いします。

広告営業部　まず紙メディアAの売上計画は、部数が増えているわけでもなく、商品価値が上がったとも思えないのに、なぜ120％にアップなのか、納得がいかないですね。

商品企画部　今期の振り返り調査によると、広告を見て実際に動いた読者数が昨年対比130％を超えており、アクション率が上がっています。この傾向は、来期以降も継続的に続くと考えられますので、部数は増えなくても広告効果が高まっているのであれば、計画数字を増やすのは妥当だと思います。

広告営業部　とはいえ、アクション率は広告訴求内容や時期によってバラつきがあります。また広告効果を保証するようなセールスは、リスクが高いので現実的と言えません。

僕　なるほど。では広告営業サイドの見立てとして、来期はどれくらいの売上見込みなんでしょう？

広告営業部　部数増なしの現状では１０５％が限度かと思います。競合雑誌が掲載料金を値下げしたり、読者モデルを使ったタイアップ広告企画を新しくつくったりしていますので、環境は厳しいです。部数増という明確な打ち手がなければ、１２０％は絶対無理です。

商品企画部　営業部の希望どおり部数を増やすと、コストを圧迫してしまい、売上計画を達成しても利益が出なくなってしまいます。

ここまではヒアリング役に徹していた僕ですが、双方の言い分はそれぞれ筋が通っているものの、落とし所を見つけるにはあまりにも距離がありすぎました。そこで僕はあらかじめ事前にイメージしていた計画数字に近づけるよう、少しずつ議論を動かし始めます。

僕の計画数字は極めて商品企画部に近いもので、昨年対比115〜120％での着地を、広告営業部に了承してもらうことができればよいと考えていました。

僕　部数増なしで、昨対120％は、どうやっても難しいんですかねぇ？　先ほど、競合が読者モデルを使ったタイアップ企画を実施する、と言っていましたが、我々も同じようなことを検討してみたりはしましたか？

商品企画部　現状、我々の雑誌には読者モデルがいませんので……。

僕　えっ、つくればいいんじゃないの？　部数も増やせない、読者モデルもいないじゃ広告営業だって売れるわけないじゃない。ねぇ。他にも、打ち手はないですか？

広告営業部　たとえば、雑誌の広告をWEBで1カ月無料掲載するとか、簡易的な読者アンケートをつけて結果のレポートを提供するとかですかねぇ。

商品企画部　今上がった打ち手は、手間がかかる、という理由でこれまで内規でNGとしてきました。

僕　コストを増やさず、手間もかけないってのはないよ。手間がかかっても、工夫で価値を上げることにチャレンジしようよ。内規についても、変更が必要なら経営会議に起案して変更すればいいいじゃない。

商品企画部　藤井さんがそうおっしゃるなら……。

僕としては、商品企画部を少し悪者に仕立てつつ、広告営業部の味方になったかのように話を進めていきました。できない、一点張りだった商品企画部を譲歩させたんだから、次は広告営業部の譲歩の番でしょう、というシナリオです。

僕　これまでできなかった打ち手が実行できるのであれば、条件は変わると思うんだけど、どうですかね？

広告営業部　うーん……。それならば、なんとか昨年対比115％までは頑張れるかもしれません。

僕　あと5％はどうしても無理？

広告営業部　やってみないとわかりません。

僕　そうしたら、こうしませんか？　工夫による価値アップで115％を目指し、残り5％は部数増を含めたコスト増による価値アップとし、120％の目標は変えない。商品企画部も5％のコスト増くらいは、別の原価や経費を削って捻出《ねんしゅつ》できるよう考えてみてください。

商品企画部　検討してみます。

僕　では今後の動きですが、営業側は115％への打ち手を具体案にして商品企画部に要望をあげてください。それを受けて商品企画部は、できるできないを判断し、必要があれば内規の変更起案を経営会議にあげてください。残り5％の打ち手は、コスト削減案とともに、商品企画部側が営業に具体案を投げてください。よろしいでしょうか？

広告営業部＆商品企画部　わかりました。

会議でハメられた――？

計画数字を変えず、相互の歩み寄りを促し、具体的な打ち手の方向性と、今後の動き方についても整理する――ほぼ事前シミュレーションどおりに会議を進められたことに、自分としてはかなり「手ごたえ」を感じていました。

上司にも「なんとか、計画どおり進められそうです」と伝え、昔だったら絶対まとめられなかったよなぁ、自分の能力値も上がったもんだ、なんて悦《えつ》に入ったほどです。

しかし、その1カ月後、広告営業部がそのとき決めた検討事項を、ほとんど進めていないことがわかりました。会議で決まったことを進めていないのは、会社としてはルール違反だと、かなり腹が立ちましたが、その理由を聞いて愕然《がくぜん》としました。

曰く「会議でハメられた」——。

広告営業部の主張はこうです。

・もともと僕が商品企画部の出身であるがゆえ、営業についてわかっていない
・売上に責任を持ったことのない人間が、単に責任を営業になすりつけただけ
・工夫による価値アップ、なんてキレイごと
・どうせ藤井のシナリオどおりにならないと会議が終わらないから、話を合わせていただけ

僕としては、まったく想定していなかった主張でした。

相互理解が進んでいるどころか、会議を通じて不信感を増幅してしまった結果になっていたのです。このことが発覚したときは、それはもう悔しいというか情けないというか、

本当に夜眠れないくらい落ち込みました。

やってはいけないファシリテーション

複雑な想いを整理しながら、そのときの会議を振り返っていくと、悔しいですが「ファシリテーター」として失格だったことに気づきました。

たしかに僕は、広告営業部に計画数字を〝飲ませる〟ことを目的として、途中から会議を仕切ってしまいました。

ファシリテーターはあくまで〝中立〟で〝意思決定には参加しない〟こととされているのに、僕の行為は〝中立でもなければ、意思決定をはじめからしている〟、まさにやってはいけないファシリテーションだったのです。

結局会議は再度仕切り直しをし、広告営業部の頑なな姿勢もあって、計画数字を彼らの主張どおり昨年対比１０５％にせざるを得なくなりました。

僕がファシリテーターに徹していたとしても、最終的には１０５％になったかもしれませんが、少なくとも広告営業部と商品企画部の相互理解の促進はでき、その後の作業工程をスムーズにすることはできたはず……。うーん、今振り返っても、悔しい気持ちでいっぱいになる苦い経験でした。

事前シミュレーションどおりに物事を進めても、それはあくまで〝脳内完結〟のシナリオ。実際は相手があってのことなので、相手の信頼を勝ち取るために、その場での自分の立場・振る舞いの〝誠実さ〟や〝柔軟さ〟が試される――。

「好事魔多し」の言葉どおり、自分が手ごたえを感じたときほど、リスクも孕《はら》んでいる可能性があるということを思い知りました。

コラム2
相手のタイプが捉えきれません

Q　月1回、社内外約15人が参加する会議があります。会議の性格上メンバーが毎回半分以上変わるうえ、前回の参加者メンバーも毎回役割が変わるので、正直まとめるのが大変です。何か良い方法はありますか。（45歳・外食産業）

A　会議の目的はなんでしょうか。ゴールを明確化して運営すれば、メンバーが入れ替わってもまとめ方そのものは大きくは変わらないはずなのですが……。

僕の経験で言えば会議には2種類あり、1つは「参加する〝人〟が重要な会議」。もう1つは「参加する〝立場〟が重要な会議」です。

〝人〟が重要な会議にも、もちろんその人に紐付く組織上の立場が存在しますが、立場よりもその人が持っている経験・思考・スキルが優先されることが多い。その場合まとめ役は、参加者のタイプを的確に捉える必要があり、お笑い番組の司会者のようにそれぞれのタレント性を引き出しながら運営していくのがベストです。

一方、〝立場〟が重要な会議は、店長だったりマネージャーだったり主任者だったり、ある程度参加者の立場が揃っていることが多い。組織というものは立場（役職）によって求められることが定められているので、基本的には会社員はその職責をまっとうすべく働きます。

その場合まとめ役は、立場や職責がどうであるかを最優先し、声の大きな人やネガティブな発言をする人など、固有の〝人〟に属するような事象はできるだけ排除するように心がけましょう。おそらく、参加者が流動的な会議は、〝立場〟が重要な会議なはずなので、〝人〟に惑わされないように運営することが肝心かと思います。

終章 スキルだけではやっていけない

第Ⅰ部では、コミュニケーションのスキルを磨く方法を紹介してきました。

僕自身の経験からも、スキルが磨かれることで、「人」にまつわるストレスの解消はそれなりにできていくのですが、あるときからコミュニケーションスキルだけでは仕事の課題解決にまったく歯が立たなくなりました。

僕の得意なコミュニケーションのスキルは、〝相手の頭の中にある意思や心の奥底にある欲求を引き出し、その情報を整理していくことで落とし所を見つける〟ようなパターンになります。合気道的と言いましょうか、相手の意思や欲求の〝力〟を利用するやり方です。

これはいろんな意見や事象がありすぎて、「問題がどこにあるのかわからない」「問題はわかっているがベストな解決方法がわからない」などといった場合には強いのですが、一方、骨太な戦略方針の策定であったり大局的な視点での決断には、あまり役に立ちません。

前者には、僕自身の意思は必要ない（むしろなくてよい）けれども、後者には僕自身の意思や強い決意＝仕事に向かうスタンスが不可欠です。

経営ボードの立場に近くなるにつれ、解決すべき問題・課題の難易度は上がっていくのですが、個人的には難易度は「時間軸が長くなる」「関心の領域が広くなる」「考え抜くレベルが深くなる」の3つに集約されると思っています。

たとえば、時間軸はせいぜい半年先程度だったものが、3年、5年、10年となり（ソフトバンクの孫正義氏は300年先を見据えているとか）、関心の領域も自分の関わるサービスが面白いか・儲かるか程度だったものが、社会的貢献や日本やアジア、世界をどう変えていくのかといった視点まで広がることになっていく。そして誰よりもそのことについて深く考え抜いているのかを問われるようになる。

そうなると、もはや誰かの意見や欲求を整理するレベルでは太刀打《たち》ちできません。意思決定のレベルが高くなった会議では、自分自身の意思や決意の強さに象徴される「仕事に向きあうスタンス」の勝負が行われており、「どんな困難があろうと自分はこれを成し遂げるのだ」といった信念をぶつけあう場になっている場合が多い。

ちょっと大げさな表現だったかもしれませんが、僕はそういった会議の末席に参加したときに、これまでの自分の〝コミュニケーションスキル〟が通用しないことをはっきりと感じてしまい、無力感というか、敗北感というか、自分はなんて小さな人間なんだと思い知らされ、悲しくなったものです……。

第Ⅱ部からは、そういった僕の経験を踏まえ、会社員のステージ（メンバー時代、リーダー時代、マネージャー時代）ごとに会社から期待される役割の変化、そして必要とされる仕事に向きあうスタンスについて説明していきたいと思います。

第Ⅱ部

カイシャから期待される役割に「めげない」

序章
ステージによってカイシャの期待は変化する

会社員にはステージがあります。

多くの企業では、職歴を重ねていくことで役職が上がり給与も高くなっていく。出世のスピードがある程度規定されている会社も珍しくありません（入社して5年で主任、10年で係長、15年で課長など）。

ステージの変化は、移動手段にたとえるとわかりやすいかもしれません。

歩く→自転車→自動車→電車→新幹線→飛行機と移動手段が高度になるにしたがって、移動距離は伸び、かつ時間は短縮されるわけですが、その移動手段を実行するために求められるスキルや判断力もどんどん高度になっていきます。

飛行機のコックピットにはさまざまな計器がところ狭しと並んでいますが、それだけパイロットには必要な情報が多く、小さな変化が起こるたびに正しい判断を行う必要があるのです。

会社組織においても、大会社の社長レベルになるとパイロット以上に大小さまざまな情報を駆使《くし》して、適宜経営判断を下していると言われています（変革の激しいＩＴ業界の経営は、時速３００㎞で首都高速を運転するレベル、なんてたとえもあるくらいです）。

僕自身もリクルートで会社員として、「メンバー」→「リーダー」→「マネージャー」へと階段を登るにしたがい、自分自身の組織における役割・責任も大きくなっていく経験をしています。そして、ひとつ高いステージに登るときに、必ず大きな壁にぶち当たってきました。今から思えば、あまりにも幼くて恥ずかしい失敗もいっぱいしています。

行動経済学では、人には利得以上に損失を嫌う傾向があることを「損失回避性」と定義しています。利得の嬉しさに比べ、損失のショックは2～5倍ほどあるとされています。つまり他人にはたいしたことのない小さな失敗も、本人には大きな傷になることもある。

だからこそ人は損失を回避すべく、できるだけ〝傷つかない〟選択をしたくなってしまう。しかし、〝傷つかない〟選択というのは往々にして、保守的で、まわりに従順で、波風を立てないものになりがち。結局さらに傷を大きくするような〝悪いループ〟に嵌《はま》ってしまった過去も、僕にはあります。

そんな〝悪いループ〟に引きずりこまれそうになったとき、なんとかして脱出を試みてきたわけですが、いろんな試行錯誤を繰り返すなか、僕の中にいくつか〝心の落とし前の定義〟が生まれていきました。

第Ⅱ部では、事例を交えながら、僕が実践してきた「仕事と向きあうスタンス」についてご紹介していきたいと思います。

〝ステージが変わる〟というのは、けっこう大変なことで、そのたびに会社から期待される役割や求められる当事者意識の深さが変わります。さらに、これまでの経験や事例では対処できないようなことが起こり出します。

そんなとき「仕事の自分は別人格。仕事の自分は、まだ勉強中だから仕方ない」「仕事の役割をまっとうするために、経験や技術が不足していたってこと」と思うことができれば、普段の自分の否定にはなりませんし、かといって仕事から逃げているわけでもない。

悔しさや悲しさの感情はすぐには解消されないかもしれませんが、自分自身の全否定にはなりませんし、「仕事は仕事」と割り切れる〝めげない〟したたかさは、長い人生を乗り切るうえでは重要な要素だと思います。

別にいいんです。失敗しても。

向いていない仕事はあるし、頑張ってもできない仕事はある。ただそこで何を学ぶか、次にどう活かすすか。転んでもタダでは起きない、という考え方を持っている人は強い。

自分の知らない自分がわかる、そういった機会を提供してくれるのが仕事であり、「カイシャ道」です。自分が変化したり成長したりすることが結果的に仕事への貢献（売上や利益など）につながっていくはずですから。

それでは早速、メンバー時代の話から始めましょう。

※第Ⅱ部は、リクルートの関連会社である㈱リクルートマネジメントソリューションズのトランジション・デザイン・モデルをベースに、僕なりの解釈を加えて記述しています。トランジション・デザイン・モデルは会社員の役割ステージを8＋2種類に規定。それぞれ「社会人」「ひとり立ち」「一人前」「主力」「マネジメント」「変革主導」「事業変革」「企業変革」の8つと、「専門家」「第一人者」の2つ。トランジションとは、新しいステージに〝転換〟することを指し、各トランジションに必要なスキルや当事者意識について細かく定義をしているのが特徴です（もっと深く知りたい方はリクルートマネジメントソリューションズのサイトをご覧ください）。

第一章

メンバーから
リーダーへ

1

好きなことを仕事にしたら幸せ？

「飽きる」と「慣れる」という能力

あなたには、次のような体験はありませんか？

①好きなことを、できれば、仕事にしたい。
それが叶った仕事に就くことができた。会社からの期待も大きい。

なので、どんなことでも好きだから頑張れるし、楽しく仕事ができている。

「本当にこの仕事ができて幸せ」「得意分野を活かせているから成果も出ている」「1年後には、もっとすごい自分がいるはず」——そのうち、体と脳が慣れてきて、最初あれほど楽しかった仕事に、最近はそこまで心がときめいてない自分がいる。

別に嫌いになったわけではないけど、少なくとも刺激や快感は減っている。

②嫌なことは、できれば、したくない。

でも嫌な仕事ほど、やらなければいけない。会社から求められているし。なので、嫌な仕事が少しだけでも好きになれるように、なんとか努力してみる。「自分の成長につながるはず」「コツさえつかめば大丈夫なはず」「1年は我慢して続けてみよう」――そのうち、体と脳が慣れてきて、最初あれほど苦痛だった仕事が、最近はそれなりにこなせている自分がいる。

好き、とまでは言えないが、少なくとも苦手意識が減っている。

前者がいわゆる「飽き」で、後者が「慣れ」に該当します。

当然ながらというか、残念ながらというか、僕にはどちらの経験もあります。しかも、僕はかなりの飽きやすいタイプ、〝飽き症〟です。最初の勢いが半年と持続しません。また嫌な仕事というか、性分的に向いてない仕事を担当した経験も、それなりにあります。

そういった中で思うのは、「飽きる」と「慣れる」は、人間が根源的に持っている能力なのだ、ということです。

飽きは快感が薄まっていく、慣れは苦痛がなくなっていく——つまり、どちらも心の平準化・中庸化に向かっているわけで、外部の刺激から心と体を守って安定した状態を作ろうとしている。

逆に言えば、「好きはそんなに続かない」し「嫌いもそんなに続かない」のです。

ただし、「飽きる」と「慣れる」では、傷つき方がそれぞれ異なります。「飽きる」ほうが飽きるたびに傷つく不安がある分、やっかいな状態になりやすいというのが僕の実感です。

少し僕の経験を交えて解説していきたいと思います。

カイシャ道の幸運なスタート

僕は、人の思いつかないことを考えたり、人が面白がるアイデアを出すのが好きな性分なので、「編集者」という職種から社会人をスタートできたことはとても幸運でした。

１９９５年、リクルートに入社して配属されたのが、創刊してまだ3年目だった結婚情報誌の『ゼクシィ』。当時の媒体コンセプトは「出会い・つきあい・結婚」で、雑誌の中には〝お見合い情報ページ〟があったり、デートのためのブティックホテル情報があったりと、現在のような〝結婚式のバイブル〟という体裁《ていさい》が整う以前でした。

ちょうど事業としても成長ステージに差し掛かるタイミングだったということもあり、編集部が仕掛けたアイデアで新たな結婚式のスタイルが作られていくという流れができてきたところ。

なので、編集会議はいつも新たな仕掛けについて盛り上がっており、読者が本当にしたい結婚式を実現するためにカスタマー視点で立案した記事は、必ずヒット企画につながっていきました（現在の『ゼクシィ』の編集記事企画は、この頃に原型が出来上がったのだと思います）。

「編集会議で企画を出すだけでドキドキ」「企画が通るとめちゃくちゃ嬉しい」「記事を作る過程で失敗して挫《くじ》けそうになるも、実際に雑誌になって書店に並んで大感激」「雑誌のクレジットに名前が載っていることを実家の両親に自慢するために本を送付」など、1年目は新鮮な喜びに満ち、仕事がこんなに楽しくていいの？　と思っていました。

2年目も、「誰もやったことのない、結婚式BGMの企画をやりたい」「その特集が読者支持率1位になった！」『さらにレコード会社横断で『ゼクシィ』オリジナルの結婚式CDを作ってみたい」「実際に発売したら、そのCDがとても売れた！」などなど、1年目よりも自ら企画したアイデアを実現できる喜びを感じ、さらに意欲に満ちた状態でした。

全身にじんましん

しかし3年目のある時期から、「毎月、毎月、同じような記事を作っているだけのような気がする」「誌面デザインの見せ方を変えているだけに思える」というように、いわゆるルーティン作業である部分が気になってきました。

どんな仕事でも、成功事例があればそれを横展開し、さらに業務効率化を図っていくことは当然なのですが、僕は〝自分にしかできないこと〟〝自分が面白いと思うこと〟を中心に仕事を捉えていたので、急速に編集業務内容がつまらなく思えてきてしまったのです。

加えて、「『ゼクシィ』のどんな記事も、自分にかかれば簡単に作れる」「自分は優秀な編集者だ」「どんな外部スタッフとでもうまく仕事ができる」などと、思い上がるのもいい加減にしろと当時の自分に言いたいほどの状態(今から振り返ると、本当に顔から火が出る思いです……)。

そもそもモチベーションの源泉が、〝自分の好きが仕事になっている〟なので、一度〝飽きちゃったな〟〝嫌な仕事だな〟と思うと、やる気がぜんぜん湧いてこない。周囲も取り組み姿勢の違いが如実《にょじつ》にわかるので、当然指導が入るわけですが「いや、言われた業務はこなしてますから」「もっと面白い仕事ないんですか」と返す始末。

徐々に成果もあがらなくなっていき、歯車が狂い出している感覚はわかりつつ、解決する手段も自分では見つからないまま、翌年別部署に異動することになりました。

こうやって振り返ると、単なる未熟者で器の小さい男が、調子に乗って思い上がった末にダメになっただけの話なのですが、このときの自分は「よかったときの自分は、心から好き、楽しいと思って仕事をしていた。だから、そのときと同じ気持ちにならないといけないんだ」と信じていたのです。

3年目のときには、やる気がゼロになり会社に行きたくなくて、全身にじんましんが出ることもありました。

「好き」はうまくいかなくなったときに弱い

もし今の自分がアドバイスするなら、「好きが長続きしないのは自然の摂理だよ」「最初に得られた快感と同じものは、そうそう得られない」「うまくいった理由は、自分が好きで取り組んでいたから、ではない」「本当のうまくいった理由はもっと論理的で構造的に捉えることができるはず。その構造がわかれば、他の業務にも汎用できるので、好き嫌いの感覚を超えて仕事ができるようになるよ」という感じでしょうか。

僕の経験的に、好き・得意な仕事がうまくいったときは、意外と考察が浅くなりがち。嫌い・苦手な仕事のほうが、どうしてうまくいったのかをある程度分解し理解したうえで次に進もうとする。

なので、逆にうまくいかなくなったときに、解決策がわからず深みに嵌ってしまうのは、好きを仕事にしているとき。

僕の場合は、若くて経験のないバカだったので、自分をそこまで追い込みませんでしたが、良識のある人ほど、「自分の仕事への情熱がなくなったせいだ」「もっと自分が顧客を愛していないから」「好きな仕事で成果が出なければ、他では絶対やっていけない」などと、自分を責めてしまう傾向にあります。

快感が薄まっていく「飽きる」という状態ほど、要注意なのです。

苦手分野は意外と心の安定によい？

僕は、コツコツ積み上げるとかミスのない仕事をするとかは苦手で、請求書の処理とかコストの管理などはものすごく面倒に感じる性分です。

そんな僕が、関連会社の経営企画室の室長になったのが38歳のときでした。

さすがに、38歳にもなると、苦手なこともそれなりにこなせるように経験を積んでいたものの、人事・総務・経理業務などの経営管理部門の責任者として振る舞うほどの経験はなく（基本的にそれまでの16年は編集者や事業企画担当）、着任当初は「従業員の方々に、こいつ未経験者じゃん、とバカにされたらどうしよう……」とさすがに緊張しました。

苦手意識が強く取り組んだ仕事だったので、最初の1カ月は周囲の状況を観察することでほぼ終了しました。

たとえば会議に参加する中で、起案者の発言、決裁者の判断の裏に流れている法則みたいなものを読み取ろうとしましたし、わからないことがあれば担当責任者にヒアリングして、なぜそうなっているのかの因果関係をできるだけ明らかにすべく努めました。

そして、論理的に理解できたことをベースに会話をしていくことで、相手からの信頼を得られたり、まったく経験のない事象の判断もそれなりにジャッジできたのではないかと思っています。

これは、苦手意識がなければとらないアプローチだったと思います。もし自分が得意な編集企画業務で関連会社に異動していたら、これまでの自分の経験を軸に、相手を自分の得意領域にとりこんでいくようなアプローチになっていた可能性が高い。

またもうひとつの効用として、苦手分野で〝ある程度通用するんだ〟と思えると、自分自身が成長した実感が得られやすいですし、ちょっとした何気ないことでも、自然と自分を褒めることができます。

苦手意識が強い分野のほうが自分自身を客観視できて、意外に心と体の安定にはよいのかもしれません。

30代までは「好きを仕事にする」「自分がワクワク・ドキドキする仕事でないと、みんなをワクワク・ドキドキさせられない」と思っていたし、今でもそれはユニークな自分だけの仕事をなすためのひとつの真理だと思っています。

一方、違う考え方が芽生えてきたのも事実です。

苦手な分野や職種で、自分の得意を活かしながら、一歩ずつ改善していくような仕事が、実は自分にとっては燃え尽きずに長続きする仕事なのではないかと、最近は考え始めているのです。

そのほうが、日々自分の成長を実感しやすく、「自分を褒める夜」の数が増えるのではないかと。かつ褒めるにしても、「オレはすごい」と自画自賛してうぬぼれるのではなく、「あのときこうしたことが功を奏した。次の機会でも活かしてみよう」と自己研鑽《けんさん》に心と体が向かっていきやすいのではないかと。

「飽きるは、自分を責めやすい。慣れるは、自分を褒めやすい」――好きな仕事を選んでも飽きはくるし、嫌いな仕事でも慣れてくる。そのときに、「飽き」は傷をこじらせやすいし、「慣れ」はむしろ良薬となる。そんなふうに僕は感じています。

2

「仕事の自分」と「普段の自分」の距離

「仕事の自分」と「普段の自分」はどのくらい違いますか？

突然ですが、あなたは「仕事の自分」と「普段の自分」は近いと思いますか？　かなり違うと思いますか？　以前『R25』にて、次のようなアンケートをとったことがあります。

Q．「仕事の自分」と「普段の自分」はどのくらい違いますか？（回答は1つ）

A　かなり背伸びしている
B　ちょっと背伸びしている
C　ほとんど変わらない

D　ちょっと楽をしている
E　かなり楽をしている

あなたは、どれを選択しますか？

僕は、20代はC、30代前半はBで、30代後半はA、40歳になった最近はまたBに戻ってきました。どちらにせよ、基本的には会社では普段より「背伸び」をしている状態です。

ちなみに、当時（2008年頃）の『R25』読者の回答は以下になりました（有効回答333人）

A　かなり背伸びしている　12・2％
B　ちょっと背伸びしている　34・8％
C　ほとんど変わらない　43・2％
D　ちょっと楽をしている　8・0％
E　かなり楽をしている　1・8％

『R25』は25歳から34歳の主に男性ビジネスマンが対象なのですが、「ほとんど変わらない」か「ちょっと背伸びしている」という人が主流のようです。

しかし、この2つは微妙ながらも明確な差があるように僕には見えます。まずは、「ほとんど変わらない」を考察していきたいと思います。

「ほとんど変わらない」人の2つの落とし穴

「ほとんど変わらない」と答えた人は、〝仕事で無理を強いられていない〟とか〝自然体で仕事ができている〟〝自分らしい仕事をしている〟などを理由に挙げていました。うらやましい状態とも言えますが、2つの側面で「悪いループ」に嵌りやすい人たちだとも言えます。

1つは、「仕事と普段の区切りがあいまい」であること。もう1つは「自分らしさの罠に陥りやすい」ことです。

①「仕事と普段の区切りがあいまい」

好調が継続できれば、仕事での達成や充実がそのまま普段の生活へもポジティブな影響を与え、両輪がうまくまわっていることで微熱っぽい高揚感に包まれることでしょう。しかし、いったん歯車が狂い出すと、仕事も普段の生活も同時に沈んでいってしまう危険性が高い。

むしろ、仕事も普段も〝両方が好調〟な時期が継続するなんてことが、人生のレアケースであり、どちらかと言えば、毎日何か嫌なことが自分のせい／他人のせいで引き起こされる確率のほうが圧倒的に高いわけです。

そういう意味では「仕事の自分と普段の自分の区切りがない」のは、ある1社の株に全財産を注《つ》ぎ込んでいるようなもの。お金と同じく、心にもリスク分散をすべきです。

加えて「区切りがない」ことでの危険な別パターンとしては、〝できるだけ期待値を下げる〟ことでやり過ごすテクニックを覚えてしまうこと。

仕事も普段も、そこまで期待しないし期待もされたくない。目の前のことをコツコツやって、とくに一喜一憂《いっきいちゆう》はしない――それはそれでリスク低減といえますが、僕個人としては、そうやってやり過ごすには〝人生は長すぎる〟と思います。

「知らなかったことが、わかるようになる。できなかったことが、できるようになる」から得られる喜びや嬉しさの魅力から、人は逃れることができないと思うのです。なので、必ず挫折や困難はセットでついてくる。一喜一憂しても大丈夫な状態に、心を退避させる場所を持っている人になったほうが、僕は強いと思います。

②「自分らしさの罠に陥りやすい」

普段の自分とほとんど変わらず仕事に取り組めているのは、自分らしく仕事ができているからです——とても模範的な回答に思えるかもしれませんが、僕には危ない匂いがぷんぷんします。

この言葉の裏側には、〝自分らしさ〟を自分自身でわかっている、そして、仕事で与えられている役割・職責が自分の能力値とほぼ同等である、の2つの前提があります。

まず〝自分らしさ〟って、これはものすごく哲学的な言葉ですよね。〝自分らしさ〟は、あらゆる主観情報と客観情報の掛け合わせで、定義が難しいうえに、変化も激しいもの。それなのに無理やり固定して「自分らしさ」と語ることは、自分の成長や変化の可能性を自ら否定している状態だと言えます。

また、「自分らしく仕事ができる」というのも、「自分」≧「仕事」を意味しています。

「仕事」は職責が大きくなっていけばいくほど、「自分」の許容量を超えていきます。だから組織やチームが必要だし、マネジメントという概念が出てきます。

自分らしく仕事ができている、と感じている状態は、おそらく与えられた業務が自分の好きなことに近く、得意だから成果もあげられている、という極めて限定的な状態だと言えます。

ある業務をずっと収斂《しゅうれん》していく職人的な仕事も世の中にはたしかにありますが、変化の激しい現代では与えられた業務や職務は日々変化していくのが当然（そうでなければＩＴに置き換えられるリスクが一番大きい）で、その変化にある程度対応できる適応力がなければ、仕事を続けることが難しいのが現状です。

僕は「不得意な仕事の中で、新しい自分を発見していくことを楽しむ」くらいの余裕がほしいと思ってしまいます。この考え方も不確実性に対するリスク分散と言えそうです。

「ちょっと背伸びしている」人の２つの落とし穴

次に「ちょっと背伸びしている」という主流派の人の考察です。「ちょっと背伸びしている」人が悪いループに陥ってしまいやすいパターンも、大きく2つあります。

1つは「できないことを他人に言えない」、もう1つは「理念や理想に走りすぎてしまう」です。

①「できないことを他人に言えない」

「仕事の自分」が「普段の自分」よりもちょっと背伸びしている状態は、向上心を持った取り組み姿勢だったり、新たな領域へのチャレンジ精神だったりがある状態とも言えます。危険なのは「自責的」な傾向が強く出すぎるタイプの人です。

「自責的」を辞書で調べると、〝欲求が満たされないような事態にぶつかったとき、その原因を自分に向け、自責の感情を持つ傾向〟。その対義語であるのが「他責的」で〝思いどおりに物事が運ばないときに、それを自分以外のもの、状況や他の人などのせいにしようとする傾向〟とあります。

「自責的」と「他責的」を解説文だけで比較すると、自責的なほうが他責的よりも人として正しい、と感じる人が多いのではないでしょうか。

とくに2000年代に入ってから、何かと〝自己責任〟という言葉が出回っていることもあり、自責的にふるまう人のほうが、ある意味社会人として正しいとされているように思えます。

けれども結論から先に言ってしまえば、「行き過ぎた自責は、他責よりも問題をうやむやにする」ので「自責と他責、両方の視点でちゃんと考える」ことが大切です。

少し事例を使って説明しましょう。

あなたは、会社の「コスト削減と業務効率化」の方針から、新しい業務委託先に仕事をお願いすることになりました。すると、初めての委託先なので、これまでの業者には「いつもどおりで」とざっくり発注できていたことが、「きちんとマニュアル化していただかないと、できません」と突っぱねられてしまいました。

前任担当者はすでにいないので、自分なりに業務のプロセスを分解し工程ごとに解説をつけることで、なんとかマニュアルを作ったつもりでしたが、新しい委託先はそれでも「これではわかりません。もっと細かくしてください」と言ってきました。

さて、あなたなら、どう対処しますか？

自責的な振る舞いとしては、「自分のプロセス分解が甘かったんだ。再度、業務を見直してみよう」「マニュアルの書き方がわかりにくかったのかもしれない。図や写真を増やしてみよう」といった類のものになります。

一方、他責的な振る舞いは、「この委託先の理解度が低すぎないか？　そもそもコストが安いと言っても、業務範囲が限定的すぎるのでは？」「そもそも前任者がマニュアルを作っていないのが悪い」「こういう状況になることを想定して、上司はジャッジしているのか？」などになります。

この事例の問題の根幹は、「新しい委託先に業務をちゃんと移行する」です。その問題を解決するために、「自責的」な視点だけでは足りないはず。おそらくどんなに完璧なマニュアルを作成したところで、そもそもお互いの業務分掌《ぶんしょう》や役割分担がはっきりしていないと、今後も似たようなトラブルは起こり続けるでしょう。

ありがちなのは、ジャッジした上司は単なる月額コストの安さで委託先を変更していて、こういった移行に関するリスクをきちんと認識していないケース。その場合は、今回のトラブルの状況を上司に報告しつつ、「移行のリスクについて、××さんはどういう認識だったのですか？」としっかり確認する必要がありますが、この振る舞いはどちらかといえば「他責的」になります。

何かトラブルが起こったときに、「自責的」な傾向が強い人ほど、問題の根幹をきちんと多面的に把握することなく、自分ができる範囲での解決策に埋没してしまう危険性があります。

そして、なかなか解決できないうちに期限が迫ってきて、上司から「そういえば、あの件どうなってる？」と聞かれて初めて、問題が明るみに出てしまう——そうなってしまうと、会社にも損失を与えてしまいますし、上司の仕切りが悪かったことが原因のトラブルでも、自分に必要のない結果責任が降りかかることになりかねません。

経営判断は、いつも正しいわけではありません。やってみて、気がつかなかったリスクが初めて明るみに出ることだってあります。そのリスクをできるだけ正しく、すみやかに上司なり経営ボードに伝える。その結果、上司や会社の判断を再度仰ぎ、方向性の軌道修正を行うことができれば、「あいつは他責的なやつだ」というより「あいつは信頼できる」という評価になるはずです。

また、自責的な振る舞いの裏には、「自分はもっとできるはず」「恥ずかしくて言えない」

などのプライドも見え隠れします。プライドを持って仕事をすること自体はとても素晴らしいことですが、そのプライドのせいであなたの仕事を、他人から見えなくさせてしまっていないか、注意してください。

「できないことは、できない」とはっきり言える。いわば、〝他人の責任にしてしまうくらいの勇気〟を身に付けることも大切なのです。

②「理念や理想に走りすぎてしまう」

「少し背伸びしている」と答えた人は、少し背伸びした自分像をイメージし、そのイメージを具現化するために行動している――いわば、〝ちょっとした演技〟をしている感覚があるのではないでしょうか（かくいう僕もそんな感覚です……）。

少し背伸びした自分像を形作っているのは、書物で読んだことだったり、セミナーで学んだことだったり、目指したい先輩の発言や行動だったりしますが、それらのほとんどが〝自分自身では実体験のない〟ことになるかと思います。

逆上がりができない子が、何度もトライしてようやくできるようになるプロセスと一緒で、仕事も何度か失敗することでようやく自分のスキルになる。つまり、「失敗して傷つく夜を何度か過ごす」ことを経ない限り、自分の成長にはつながらない（まったく人生ってやつは……）。

とはいえ、その失敗が自分の成長につながっている感覚があれば、傷つく度合いは軽減されるし、傷つく覚悟もできるというもの。そこで意外と難しいのは、失敗している最中に（成果が出るまでの間に）成長している感覚をどうやって得るか。

ポイントは、〝理想像の置き方〟と〝到達へのプロセス〟にあります。

たとえば「理想像の置き方」が、「スティーブ・ジョブズのように、世の中を変革させたい」だったとします。ここで肝心なのは、ジョブズの理念や理想の実践を、自分の仕事に置き換えることができるかどうか、です。

目の前のやらなければいけない仕事の背景に、目指すべき理念や理想を置き、そこから導き出された自分なりの目標を作っておく。どんな小さなプロセスでもかまいません。打ち合わせに遅れない、上司に報告したときに一発で納得してもらう、一緒に仕事をする人がリラックスできるように会議の始まりを工夫する、などなど。

それは自分だけのささやかな目標ですが、そういった小さなプロセスの積み重ねにこそ、理念や理想の実現はある。まさに、千里の道も一歩から、ということです。

3

「自己評価」と「会社評価」のはざまで

「成長意欲」と「達成意欲」という両輪

いきなりですが、質問です。

あなたは仕事に対して、成長意欲や達成意欲を持っていますか？

この問いに、「ＮＯ」と答えられる人は、ある意味大物というか達観している人なのだろうと思われますが、ほとんどの人は「ＹＥＳ」と答える、もしくは答えざるを得ないのではないでしょうか。

「成長意欲」と「達成意欲」。

似たような言葉ですが、微妙なニュアンスの違いがあります。

成長意欲は、主に〝自分自身〟を対象としており、知識・経験を積むことで人として成長し、結果、仕事の成果も大きくなっていくことに意欲的かどうか。

達成意欲は、主に〝仕事の成果〟を対象としており、会社から示された目標・ゴールを達成するための努力を自ら行うことに意欲的かどうか。

もちろん、人として成長するためには目標達成で培われる自信は不可欠ですし、より大きな目標を達成するためには人としての成長がなければ実現できません。よって「成長意欲」と「達成意欲」は仕事をしていくうえで、両輪の役割を持っていると言えます。

「職能給」と「職務給」

さて、日本企業の正社員の給与体系は、主に「職能給」と「職務給」の2つに分かれます。その違いをわかりやすく言えば、「職能給」は〝人〟に値段をつけ、「職務給」は〝仕事〟に値段がつく。

職能給は人が成長するのを前提としているので、基本的には定期昇給がベースです。職務給は、その与えられた職務に対する成果に応じて給与を都度算出するので、ものすごく成果があがれば大幅アップも可能ですが、成果が出なければ降給もあり得ます。

つまり「職能給」は成長意欲、「職務給」は達成意欲に、それぞれ重点を置いて評価をしていると言えます。

なんとなく、大企業は職能給、ベンチャー系企業は職務給が多いと言われていますが、どちらの制度がよいかは、その会社の風土や規模、成長ステージやビジネスモデルによって一概には言えません。

しかし、働く立場の僕たちからすれば、求められることの違いを知っておく必要があります。自己評価と会社評価のギャップで苦しむパターンは、その違いへの理解が薄いことが原因のケースが多いように感じますので。

自己評価と会社評価のギャップで苦しむパターンについて、いくつかモデルケースをご紹介していきたいと思います。

「職能給」で生まれるギャップ

前述しましたが、職能給のベースになっている考え方は、「人は知識や経験が多ければ多いほど成長する」です。

給与体系は年功序列になりやすく、同期入社は、かなりの優劣の差がない限り、ある一定レベルまでは同じ成長とみなされ昇進スピードおよび給与は横並び。その中で評価を競い合い、組織長へのスピード出世を目指す、極めて相対的な評価制度です。

「同期のことは気にしない。あくまで自分が仕事を通して成長できているかどうかが重要なんです」——などとキレイゴトを言いたくなるところですが、正直、会社員をやっていると同期がどのポジションに就《つ》いたのか、自分のポジションと比べて上なのか同等なのか、というのはやっぱり気になります。さすがに同期同士の足の引っ張り合いは経験したことがありませんが、お互いが牽制《けんせい》し合うことで自然と距離ができてしまったことはあります。

たとえば、同期Aがいたとします。彼と自分は同じエリアの営業職で、お互いの営業成績はほぼ同じレベル。今回の半期では、自分のほうが営業成績は高く、社内の表彰対象にもなったほどです。そんな彼に、自分より早く「チームリーダー職」の発令が出た。当然、「どうして、自分じゃないのか？」と思いますよね。

けれども、その疑問を上司にぶつけても、おそらく納得できる答えは返ってこないどころか、その返答に不可解さを覚えることになるでしょう。

〝相対評価〟には、そこまで論理的な答えはありません。なので上司に求めても仕方ない部分はあります。

同期Aと自分に営業成績や日々の行動にそこまで違いが感じられないのに差がついてしまう理由は、おそらく〝上司や経営者に評価されやすい人かどうか〟、もっと言えば〝上司や経営者に似ている性格や志向性かどうか〟ということでしょう。上司はそれを正直に言うことはできませんし、あなたもそこを掘ってもしょうがない。

「職能給」は〝人〟が〝人〟に値段をつける。よって、ある程度恣意的《しいてき》にならざるを得ません。

長く勤めていく中で、全体の帳尻《ちょうじり》は合ってくると思いますが、それでも自己評価と会社評価のギャップが続くようだと、その会社とあなたの相性が悪いのでしょう（そもそも短期的な成長意欲が強い人が、「職能給」企業を選択してしまう、など）。

そのギャップを飲み込んだうえで続けるのか、もっと自分との相性がよい職場を見つけるのかを選択するときが、いずれ訪れると思います。

「職務給」で生まれるギャップ

「職務給」の場合、期が始まる前に自分の職務の目標を設定され、期間内にその目標を達成しているかどうかで査定の良し悪し、給与の高い低いが決まります。

また〝仕事〟に値段がついているので、大抜擢《だいばってき》や降格も頻繁に行われます。その仕事で成果を出せば、次はより大きな仕事を任せてもらえるし、その逆もあり得るという制度。いわゆる〝成果主義〟というやつです。

毎期ごとの成果によって給与が決まりますから、安定性は低いです（職能給では、基本的に給与は下がらないので、安定性は高い）。短期間で成長したい、若いうちから組織長として活躍したいと思う人には向いている制度だと思います。

上のポジションに就《つ》けるかどうかは、〝継続して成果を出し続けられるかどうか〟。どんな環境でも成果を出し続けられる人が、リーダーやマネージャーに抜擢されます。

成果をあげ続けるためには、個人としての技量はもちろん、チームを動かす力、市場環境を予測する力、根本的な課題を発見し解決する力などがなければ難しい。僕のリクルートでの経験から言うと、成果をあげ続ける人は、上記の力量が先天的もしくは後天的に備わった人ばかりでした。

しかし、成果主義も理不尽な部分はあります。

そもそもの目標設定が適切なのかどうか。自分のポジションに合った難易度に、きちんと目標が設定されていればいいのですが、リーダーポジションでもないのにリーダー役をやらされ、かつその責任まで負わされ、結果、給与が下がることもあり得ます。

また、目標設定が細かすぎるゆえ、査定で辛い点がつきやすくなる（数値目標以外に行動目標も厳しく指標化されているケース）。さらに自分が所属している事業自体が成長している場合と、成長が止まっている場合では、成果の出しやすさが異なる。

そういう意味では、最終的に職務給も上司の恣意性や運に左右されてしまう、ということです。

ただ職務給は職能給に比べれば、まだ〝絶対評価〟である分、上司も論理的な説明が可能なので、どうしてもギャップが自分で消化しきれないときは、上司に説明を求めてみてもいいでしょう。

そこで会話した内容が、自分の性格や価値観とズレていると感じた場合、職務給制度（＝成果主義）の会社で長く続けるのは正直難しいと個人的には思います。

人事制度は経営者の思想

人事制度というのは、会社の経営者の思想を反映していますし、制度を何度か変更している会社は、変更タイミングで必ず経営方針も変わっているはず。

そういう意味では、会社員の人は、自分の会社の人事制度についてもっと興味を抱いてもよいと思います。給与規則や評価制度については、基本的には従業員がいつでも閲覧できる状態になっているはずです。

ちなみに新卒採用で学生を評価する場合も、会社によって評価軸が違うのは当然ですが、大きく2つ、「持続的な成長意欲を持ち続けられるタイプを評価する」のか「自ら進んで行動し周囲を巻き込むことで成果をあげた経験があるタイプを評価する」のかで分かれるのではないかと思っています。

その会社が、「職能給」「職務給」のどちらに重きを置いた給与体系になっているかを知れば、どちらの評価軸を重視しているかが見えてくるはずです。

もっとも、一番の理想は、どんな人事制度であれ、〝仕事という機会を通して人間的成長と事業的成果を両立できる人間であること〟なのですが……。

4

メンバーからリーダーへの壁

お前、これでメシ食っていく気あるの？

僕個人の会社員ステージを振り返ってみると、最初に大きな壁にぶち当たったのが、メンバーからリーダーへ移行する時期でした。メンバーとして一人前の自負があればあるほど、リーダーとして会社から期待されている行動ができなくなってしまったのです。

ちょっと具体的にご説明したいと思います。

僕はリクルートでのキャリアを、30代中盤までは基本的に編集者として歩んできました。先述の結婚情報誌『ゼクシィ』でキャリアをスタートさせ、その後海外旅行情報誌『ＡＢ－ＲＯＡＤ』や書籍情報誌『ダ・ヴィンチ』に携わりました。

編集者として「カスタマー視点でメディア価値を高める編集記事を作る」ことに関して

は、ある程度任せてもらえていましたし、それなりに面白い企画を作ることには自信を持って取り組んでいました。

あるとき雑誌の編集記事を書籍化する話が持ち上がり、その担当に任命されたのですが、そのとき書籍を作った経験はまったくありませんでした。

見よう見まねで企画書を作り、書籍編集部の責任者に持っていったところ、企画書を一瞥《いちべつ》され、言い放たれました。「お前、これでメシ食っていく気あるの?」曰く「どのマーケットを狙っているのか、さっぱりわからん」「想定される部数の根拠が見えない」「最低限利益を出すために、もっとコストを厳しく精査する必要がある」などなど。

つまり「本気で利益を出す気があるのか」と問われたわけです。

雑誌の編集者であれば、雑誌の収益はある程度担保された状態で、「面白い企画を作る」という自分の役割に没頭すればよかったのですが、書籍の場合はイチからビジネスモデルを作っていかなければならない。

企業が利益を出すための仕組みについて、僕はそこまで真剣に考えたことがなく「よいものを作れば、自然と売れる。あとは時の運」と漫然と思っていました。

与えられた予算の中で企画を運営することはできても、新たな利益創出のための事業を運営することはできない――そう思い知らされた機会でした。

20代の集大成

その後、『ダ・ヴィンチ』から『住宅情報』に異動になったのが、28歳のとき。あるとき『住宅情報』の別冊である『都心に住む』というムックのリニューアル話が出ました。当時のメディア系部署の責任者が「もっとライフスタイル提案のあるメディアにしたい。たとえばマガジンハウスの『カーサ ブルータス』みたいな」と発言するのを聞き、「ぜひ僕にやらせていただけませんか?」と手を挙げたところ、任せてもらえることになりました。

せっかくのチャンスなので、これまでのページを埋めるだけの編集者から、『都心に住む』を事業と見立てて、より多くの販売部数と広告効果を生み出すために何をすればよいか? を考えられる編集者になろうと思ったものの、正直、当時の自分ではあまりにもスキル不足。

直属の上司や部署をまたいだ先輩たちの助言をもらいながら、売上シミュレーション／効果予測／原価の見立てなど収益シミュレーションを重ねました。

一方、「都心の高級マンションが載っているだけでなく、都心でのライフスタイル提案があるメディア」にするため、『ダ・ヴィンチ』時代につながりのあった作家の角田光代《かくたみつよ》さんや写真家のホンマタカシさんに連載を依頼したり、のちに『R25』でアートディレクターを務めてもらうこととなるスープデザインの尾原史和《おはらふみかず》さんにデザインをお願いしたりと奔走する日々。

「編集者としてメジャー出版社に負けない記事を作る」

「これまで以上に効果の出るメディアにする」

の実現に向け、かつ20代の集大成の仕事にすべく、最大限の力で取り組みました。

今から思えば、2カ月でかなり強引にリニューアルを進めたので、社内の調整不足やシミュレーションの甘さが多々あったはず。当時の上司やその上の部長にはいろいろ陰でご迷惑をおかけしたことだろうと思います。

発売されたリニューアル号は、企画内容や誌面デザインに対して賛否両論。販売部数や広告効果も、それまでととくに変わらず（悪くもなりませんでしたが）、なんとも微妙な結果に終わりました。

ある大手クライアントからは「編集方針が変わりすぎ。次からは広告掲載を見合わせるかもしれない」と言われ、社内の上層部からも「1億円のマンションを買う人のライフスタイルとは思えない」との声が出ました。正直、ヘコみました。

その一方「お前のチャレンジを信じる」と応援してくれる同僚や営業マンが声をかけてくれるようになり、もっと多くの人の意見を取り入れ、次号はもっとよいものを作ろうと奮起しました。話をしたことのない営業部長に自らアポイントをとって媒体の方針説明をしたり、当時華々しくオープンした六本木ヒルズを手掛けた森ビルの社長・森稔《もりみのる》氏への取材を行うために社内・社外に掛け合ったり。

これまでの自分なら、〝まわりに迷惑をかけたくないばかりに、自分ひとりでできるだけ解決しようとしていた〟もしくは〝難しい状況になったら上司に判断を任せて自分の職務範囲を限定していた〟はずですが、『都心に住む』のリニューアルを通して、自らの仕事に自負を持ちつつ、周囲を巻き込んで仕事をする経験を積むことができたのです。

新たなやり方を獲得する

「メンバー」から「リーダー」への転換では、〝個人よりも組織〟の意識を求められることでの壁があります。

上司からの細かな指示がなくても業務がこなせるようになり、個人業績が安定して出せるようになると「一人前」ですが、「一人前」には次のような落とし穴も存在します。

・仕事の難易度が上がっても、全部自分で抱え込もうとする
・自分の業務さえしていれば問題ないと、受け身の対応をしてしまう
・偉い人や周囲の意見に左右され、自らの判断基準を持とうとしない
・目の前の仕事ばかりにとらわれ、先を予測することができない

いずれも、個人から組織に意識を転換することがうまくできていない状態で、自分に期待されている役割に対し「理解できていない」「向き合っていない」「スキルを持っていない」からこそ引き起こされる状態であると言えるでしょう。

僕の場合は、書籍を担当することで、これまで雑誌編集者として一人前でやれていると思っていた自負心がヘコまされ「あれ？　このままじゃ、俺ダメかも……」と気づかされたわけですが、〝個人よりも組織〟への意識転換ができるには、それから2年以上経過し

た『都心に住む』のリニューアルまで待たねばなりませんでした。

しかもリニューアル当初は、仕事の難易度が上がっているのにそれでも独力で奔走《ほんそう》することが多く、すぐには周囲の協力を取りまとめながら推進していくスタイルに移行することができませんでした。

新しいステージへの機会にすぐに対応できる人もいれば、僕のように何度か細かな失敗を積み重ねてようやく獲得できるようになる人もいる――自分の業務で周囲に迷惑をかけたくないと思っている人ほど、もしかしたら〝転換〟には時間がかかるのかもしれません。

過去の仕事で成功体験があると、その成功したときと同じやり方を踏襲《とうしゅう》したくなってしまうものですが、会社員としてステージの階段を登っていくときは、実はその逆で、これまでのやり方を否定して新たなやり方を獲得していく必要があります。

このときに壁にぶつかるわけですが、少なくとも「メンバー」から「リーダー」への転換では、〝個人よりも組織〟を意識することが求められていることを理解し、その要求から逃げずに向き合えば、おのずとスキルがついてくるようになる。

そう信じて、仕事のストレスにも〝めげない〟心を育てていただければと思います。

コラム3
苦手だと思っていることばかり頼まれるのはなぜでしょう

Q　わたしは、得意なことと苦手なことがハッキリしているので、普段から周囲に公言しています。もちろん上司も得手不得手を把握しているはずなのですが、苦手なことばかり頼まれます。そこまでして苦手な部分を伸ばしたほうが、会社にとってもよいのでしょうか。（28歳・営業事務）

A　僕の勝手な見解かもしれませんが、どんな人にも伸びしろがあり、努力の積み重ねによる能力向上が可能だと思っています。そうはいっても20代での能力向上と、40代・50代とでは〝伸びる幅〟が変わってきます。

そして一方で、人は年を重ねるごとに経験が積まれますから、苦手なことへのチャレンジをしなくても、目の前の課題に対処できてしまうようになります（あくまで、対処、でしかありませんが）。若いうちに苦手を克服する、もしくは苦手なことをやることで〝自分がなぜ苦手なのかを理解する〟ことができれば、その後の人生の審美眼が間違いなく磨かれることになります。

また、苦手なことを経験していないと、できない人に対して教育することができなくなります。教育担当をしたときに、「私は最初からできたけど、なんでこの人はできないの？」「私は教えられなくてもできたのに、なんでこの人は手間がかかるの？」みたいに思ってしまったことがある人は、要注意です。

あなたにとっては得意分野でも、その人には苦手分野。苦手分野を伸ばせと言われている人の心理的ストレスを理解できているかどうかで、教え方はずいぶんと変わってきますから。

第二章

リーダーからマネージャーへ

5

会社員はリーダーにならないとダメなの？

欲望を最小化するという自己防衛

フリーマガジン『R25』の編集者として、20代・30代男性会社員へのインタビューを積極的に行っていたのが2003〜2007年。いわゆる「リーマンショック前」で、ITバブル崩壊から日本の景気が持ち直し始めた頃になります。

当時、インタビューでよく聞いていた質問が「出世したいですか？」と「結婚して子どもを育てたいですか？」の2つ。どちらの質問に対しても、だいたい次のような反応が返ってきたものです。

「いやー、そりゃしたいですよ。でもね、今の自分じゃ、責任背負いきれませんから……。まだ早いっす」

当時の20代・30代男性会社員の胸のうちを僕なりに解説すると、

・右肩上がりで給与があがる、という前提はもはや過去のものだとわかっている
・〝社会も会社も、自分を守ってはくれない〟といった危機意識や被害者意識が強い
・自分が育った生活環境と同じレベルのものを、自分の子どもに提供できるかどうか自信がない
・今後予想される経済的困難に対し、自分でなんとかしなくちゃいけない、と意外と真面目に思っている。しかしその解決方法については、見当もついていない
・とはいえ、与えられた目の前の課題を一つひとつこなしていくことで、もしかしたら何かが開けてくるかもしれない、とも思っている

といったカンジです。

こういった話を勉強会などでお話しさせていただくと、優秀な大人の方々からは「最近の若者はホントに元気がない、とくに男子は」「結婚すらも躊躇《ちゅうちょ》するなんて、どれだけ頼りないんだ」といった感想をもらったりしました。

けれども僕個人としては、彼らは極めて真面目であり、日本社会の明るいとはいえない未来に対し今のうちから欲望を最小化することで自己防衛している――ないしは、希望のない社会が訪れても生きていけるような心の準備をしているのではないか、と思っています。

20代の本音

次に日本経営協会が「出世について」の調査を発表していますが、2012年6月の調査結果は以下のようになっています。

Q．現在の会社でどの地位まで昇進したいか（調査対象：就労後3年目男女700名）

昇進したくない　37・4％
監督職（係長・リーダーなど）　22・3％
管理職（部長・課長など）　25・4％

経営陣（社長・理事）　12・7％
その他　2・1％

この調査を元ネタに〝昇進拒否が約4割⁉〟なんてタイトルのネットニュースが出回ったりもしましたが、拒否しているというよりも「いやー、まだまだ器じゃないんで……」と謙虚なフリをしているか、「昇進したところで、大変さが増すだけでメリット薄い」と冷静に会社を眺めているかのどちらかではないでしょうか。

そういう意味では、20代が憧れるような働き方をしているリーダーや管理職が少ないことの裏返しなのかもしれません。

リーダーといえば聞こえはいいですが、中間管理職は現場と経営の板挟みでストレスが半端ではないのは事実ですし、実際そういったストレスで病んでしまう人を見た経験もあるのでしょう。

「そんなにしんどい思いをしてまで、リーダーになる必要があるの？」と20代・30代が考えるのは、ある意味自然だと思います。

そもそも、なぜ会社にはリーダーが必要なのか？

会社は、基本的に〝人の集まり〟でできています。

とはいえ、人が集まっているだけでは、とくに意味をなしません。何かしらの目的を達成するために、ある一定の秩序・規律を持った集団である必要があります。

そしてその目的や秩序・規律を会社に万遍《まんべん》なく浸透させ動かすために、〝組織化〟が必要になります。そして組織は、会社全体というもっとも大きい単位から、部署やグループ、プロジェクト、チームといった小さな単位に分解されていき、それぞれの単位ごとに目的と秩序・規律が振り分けられていきます。

これらの大小さまざまな単位、そのすべてにリーダーが存在することになります。リーダーは、単なる〝人の集まり〟を統率し牽引することで〝組織化〟し、目的を持って動く集団へと導く役割を担っているのです。

おそらくその役割は、小さな3人程度のチームリーダーであろうが、1万人以上の従業員を持つ大企業のＣＥＯであろうが、根本的には変わらないものだと思います。

そう考えると、後輩が入ってきた時点でリーダーの第一歩を踏み出している、と言えるかもしれません。教えられる立場から教える立場になるわけですから。

出世や昇進にかかわらず〝人の集まり〟をあなたに託された時点で、あなたはリーダーとしての役割を期待されているのです。後輩に仕事を教えて、自分ひとりではなくチームとしての成果を求められるときから、リーダーの第一歩を踏み出しているのです。

リーダーを任せられる2つの条件

どんな会社員もリーダー的な働き方を期待されているといっても、当然ながら出世や昇進の早い・遅いはあります。会社として肩書きを貸与するレベルのリーダーと、そうでないリーダーの違いはどこで生まれるのでしょう。

肩書きがつくためには、ある程度の規模の〝人の集まり〟と〝目的達成への責任〟がセットで必要となります。そして肩書きが偉くなっていくことは、その規模が大きくなっていくことを示しています。

つまり会社から任せられる範囲が大きくなっていくわけですが、それでは会社はどういった人に任せるのか？　僕が考える条件は次の2つです。

〝みんなで気持ち良く仕事ができる〟
〝人の能力を引き出し、伸ばすことができる〟

個人の能力・才能は特筆して素晴らしいのに、あまり出世には縁がない——ひょっとしたらそんな人があなたのまわりにもいるかもしれません。あの人はスペシャリストだから、とか、ちょっと近寄りがたいよね、自分の仕事しかしないよね、とか言われてはいませんか。

個人としての職務遂行能力は高くとも、リーダーとしてより大きな〝人の集まり〟を統率する力がなければ、会社は肩書きレベルの単位で組織を任せてはくれません。それは、個人が極めることによる成果よりも、集団がまとまって動くことの成果のほうが大きいからにほかなりません。

大きな〝人の集まり〟を動かすために、個人の能力がそこまで高くなくても、みんなが気持ち良く働き、かつ、人が育つ環境を作ることができる人のほうが、会社としては出世させやすいし、任せる範囲を大きくしやすいわけです。

〝みんなで気持ち良く仕事ができる〟リーダー力

では、リーダーとしての能力を高めるためにはどうすればよいのでしょうか。

まずは〝みんなで気持ち良く仕事ができる〟から説明したいと思います。

この言葉は、一見すると当たり前に思えるかもしれませんが、秩序・規律が厳格に保たれていなければ、実現することはできません。交通ルールが厳格に保たれていなければ、車の運転など恐ろしくてできないのと同じです。その秩序・規律を保つ役割こそ、リーダーに求められていることです。

たとえば、Aさん、Bさんという2人の後輩社員がいて、どちらも同じく「請求モレ」というミスを初めて犯したとします。「請求モレ」はその部署では重大ミスとされており、始末書を役員まで提出しなければならないルールとなっています。

Aさんは、普段からあなたの補佐役を務め、難易度の高い仕事もこなしてくれるので「今回のミスは、Aさんにちょっと仕事を振りすぎてしまったことが原因。自分にも責任がある」と思い、Aさんの始末書を自分が肩代わりすることにしました。

一方Bさんは、元々ミスの多いタイプだったので、これまでは一緒に事前チェックを行うことで事なきを得ていたのですが、今回は事前チェックをしなかったことでミスが起きてしまいました。「Bさんから目を離したとたんにコレだ。教育的観点からも厳しく対処しよう」ということで、Bさんにはそのまま始末書を提出させました。

後日、あなたのいない場所で、Aさんが「リーダーはとても優しくて素晴らしい。この前も、私のミスをかばってくれた」と発言したことがきっかけで、AさんとBさんの対応に差があったことが発覚。

あなたはその対応の背景を説明しましたが、チーム全体の中で「リーダーは素晴らしい」と評価する人と、「あの人はえこ贔屓《ひいき》をする」と批判する人が生まれてしまい、結果的にチームがバラバラに。これでは、みんなが気持ちよく仕事ができる状態、とは言えません。

〝みんなが気持ちよく〟を保つためには、みんなに平等であることが大切です。

メンバー一人ひとりの評価には良し悪しがあって当然ですが、その評価によって適用されるルールやガイドラインが変わることはあってはなりません。

これが意外と難しい。

人には相性があるので、自分と合う人は評価したくなるし、そうでない人は批判したくなる。それでも好きか嫌いかによらず、会社の秩序・規律に則《のっと》って平等にメンバーと接し、判断を下しているか。そのためにも、リーダーにはある水準以上の倫理観が求められることとなります。

〝人の能力を引き出し、伸ばすことができる〟リーダー力

人材育成ほど難易度の高い仕事はありません。育成とは、できないことをできるようにする、がベースです。しかし組織には会社から短期的な目標達成が与えられています。つまり〝できない人ができるようになる時間〟と〝成果を出すまでに残されている時間〟を天秤《てんびん》にかけながら組織を動かしていくことが、リーダーには求められています。

たとえば、Cさんは営業経験がまだ浅く、汎用的なセールスシートでの営業はできるようになったものの、自らプレゼンテーション資料を作ったことがなかったとします。そんなCさんに、担当している顧客から「Cさんは親身になって対応してくれている。これまで以上に、わが社の課題解決につながる提案をお願いしたい」と要望がきました。

リーダーであるあなたはCさんから、「自分はまだ自信がないので、どうすればよいかアドバイスをください」と言われました。

あなたは、Cさんが顧客の信頼を勝ち取りつつある状態なので一皮むけるチャンスだと思いましたが、「とはいえ今期の売上が目標をショートしている。Cさんの育成よりも、目標達成が優先だ。Cさんには自分のプレゼンを見て学習してもらうことにしよう」ということで、あなたが提案資料をすべて作り顧客へのプレゼンテーションも行いました。

おかげで見事受注をあげることができましたし、Cさんも「リーダーのおかげで個人業績も上がりました。ありがとうございます！」と感謝してくれました。

しかし、はたしてこれでよかったのでしょうか？

〝人の能力を引き出し、伸ばすことができる〟を実現するためには、メンバーに能力開発の機会を提供することが不可欠です。

先ほどの事例では、リーダーとしてCさんに花を持たせることはできたので、優しくて頼れるリーダーとCさんからの信頼度も増すでしょうが、肝心な能力開発の機会を奪ってしまっています。

では目標達成よりもCさんの育成を優先させるべきだったのでしょうか？　それも違い

ます。

Cさんに期待して任せながらもどこかでしっかり手綱《たづな》を握りつつ、肝心なところをアドバイスしながら最終的には成果に結びつける――そういったことができるリーダーは、メンバーを伸ばしつつ、最終的には自らの人間力や胆力を同時に伸ばすことができるのです。

ちなみに、リクルートの個人ミッションシートの文末には、「ひとり一人の思いを信じて、期待して、求める。ちゃんと」という言葉が記されていました。メンバーへの会社としての姿勢を示した言葉であり、かつメンバーを持つマネージャーへの教訓的なメッセージにもなっています。個人的には年齢を重ねるにしたがい、身に沁みる言葉になってきました。

リーダーになるという宿命

さて、今回のまとめです。

会社という〝人の集まり〟の一員である限り、いつかは必ずリーダー的な役割を会社から求められます。まずは小さな単位からスタートしていくわけですが、小さなチームリーダーであろうとCEOであろうと、リーダーに必要な条件は基本的には変わりません。

その後、自らが成長しリーダーとしての条件が少しずつ整っていくことで、会社から任せられる責任範囲が大きくなって昇進・出世へとつながっていきます。

逆を言えば、会社が従業員に求めていることは、ほぼこれだけです。

もちろん研究職やクリエイティブ職のようなスペシャリストが出世する職場もあるでしょうが、基本的にはそういう職種であっても個人よりもチームで成果が出やすいことに変わりはなく、スペシャリストでありながらもリーダー資質のある人を会社は期待しているはずです。

会社員である限り、リーダーになることは宿命です。

なりたくない、などと言っても、そんな贅沢なことは基本許されませんので、あきらめてリーダーになることと向き合っていきましょう。そうすることが、「カイシャ道」を通しての自分の成長へとつながるはずです。

6

「広さ」「長さ」「深さ」

僕が働いてきたリクルートでは、リーダー／マネジメント層に求めることとして「広さ」「長さ」「深さ」がキーワードになっていました。

「広さ」とは自分の担当領域だけでなく、事業全体・マーケット全体を見渡す視野の広さ。「長さ」とは1カ月・半年という短期業績だけでなく、1年・3年・10年といったその先を考えて行動・決断をしているかという時間軸の長さ。「深さ」とは誰よりも事業に精通しているかどうか、その事業の未来を考え抜いているかという当事者意識の深さ。

これら3つについて、僕自身も、いまだ胸をはって身に付いているとは正直言いきれません。それほどこの言葉は奥が深いというか、やればやるほど難易度が上がっていくように個人的には感じています。

あなたが社会人としてどのステージにいるかによっても、それらの求められるレベルが変わってきますが、ここではリーダーの時期に期待されることについて説明してみたいと思います。

〈ケース1〉個人目標は達成しているのに……

会社の表彰式で優秀営業マンに選ばれたAさん。営業として個人目標を連続して達成し、自分の担当顧客との関係も良好。表彰の場では「これからは個人業績の達成はもちろん、Aさんの経験をチームにも積極的に波及し、チーム全体を引っ張っていくチームリーダーとしての活躍を期待したい」と言われました。直属の上司からの相談も増え、チームの売上目標数字を設定する際にも、積極的に自分の意見を伝えました。

あるときに、チームの業績が思わしくなく緊急チーム会議が開催されました。あと3週間で不足した数字を巻き返せるかについての議論で「すでに達成しているAなら、どうする?」との上司からの質問に、リーダーのAさんは以下のように答えました。

「自分は当たり前のことをしただけです。まずはお客様のことを知ること。そして課題を特定し、自分たちのサービスならどんな解決ができるかを示す。あとは結果が出れば、それを繰り返せばいいし、結果が出なければ最初に戻ればいい。数字が足りない人は、それができていないんじゃないでしょうか」

「足りない数字は、私の顧客で追加の取引をお願いすることでなんとかしてみます。その代わり、新人教育担当の役割を3週間だけ外してもらえませんか？」

「そもそも目標数字が高すぎたのだと思います。次回からは、きっちり数字の読み合わせをして、達成できる目標に修正していきませんか」

Aさん的には、チームの数字を達成するために、自分ができることを最大限示したつもりでしたが、のちのち上司からは「もう少しまわりを巻き込むことを勉強しないと、いくら個人業績が良くても、そのうち頭打ちになる」「新人からも〝Aさんは、僕の教育担当の業務を、面倒だと感じていたんですね……〟と相談を受けた」と言われました。

Aさんとしては、営業担当として目標は達成しているのに、なんで？　と、正直どうすればよいかわからなくなりました。

3つのマズイ点

社会人も4~5年を過ぎてくると、ある程度、与えられた仕事はこなせるようになり、自分でも〝一人前〟になった自覚を持ち始めます。先輩のサポートも必要に応じて受ければよく、任せられる業務量も増えてきます。一人前の次のステージは、チームへの影響力を発揮していけるかどうかになっていきます。

Aさんは、個人の業績は順調に上がっていますが、一人前の次のステージへ行くには3つのマズイ点があります。

まず個人の仕事がなぜうまくいっているのかを「当たり前のことをしているだけ」と説明するのは、本人的には謙遜なのかもしれませんが、この場合は不遜に聞こえてしまっている可能性があります。

〝うまくいっている理由を、わかりやすく伝える〟というのは、ナレッジ推進の第一歩。これができるかどうかで、個人の力がチームの力にまで波及するか否かが決まります。

またチーム業績達成のために、個人の業績を達成しているにもかかわらず追加で数字を作りにいくのは、チームのための行動に思えるかもしれませんが、期待されている新人育成を放り出してしまうのはいただけません。

そもそも、会社から次のステップを期待されているときは、業務負荷が大きくなるものです。なぜなら独力では限界がある業務量を、周囲の協力のもとに成し遂げられるようになってほしいと思っているので、あえて業務過多になるようにしているからです。新人教育も完璧にやりきりつつ、さらに数字も作るくらいの気概《きがい》が必要です。

最後に〝目標が高すぎる〟という発言。目標設定会議のときに自分も関与しておきながら、それを言ってはいけません。上司は何のために自分を巻き込んだのでしょうか。もし本当に高すぎると感じたのであれば、会議のときにその理由をきちんと伝えて修正すべきです。

チーム全体に影響する難しい決断を上司に委ねているくせに、その決断を〝間違っていた〟としたり顔で話せば、確実に周囲からリーダーとしての信頼を失うことになります。

〈ケース2〉依頼されたとおりに実行しているのに……

Bさんは経営管理部門で給与・労務関連業務に従事。従業員の労働時間管理から、残業代を含めた正しい給与支払い、社会保険や厚生年金、産休・育休や福利厚生まで幅広く担当しています。

チームリーダーとして、数名のチームで日々業務を推進しており、会社からも「労務関連業務はBさんに任せておけば大丈夫」と信頼されています。

あるとき経営ボードから「労働時間管理が適正に行われているかが疑問だ。深夜残業をしているのに、勤務表には記していない社員がいる可能性がある。会社としてサービス残業を強要することはないし、そもそも認めない。勤務表が正しくつけられているかどうかを調査してほしい」と依頼されました。

Bさんも噂を耳にしたことがあり、気にはなっていました。

その後、1カ月間の勤務表のデータと入退室時間のデータを突き合わせてみたところ、退出時間が勤務表での記録と乖離《かいり》している社員が20名出現。うち5名は深夜残業をしているのに、勤務表上はそうなっていないことがわかりました。

Bさんは、エクセルの表組で差異のあった日と乖離している時間を示し、経営ボードメンバーが出席する会議で報告しました。

経営ボード　やっぱり存在していたか。いつ頃から始まっていたかわかる？　そしてそれは増えてきているのか、減ってきているかが知りたい。

Bさん　1カ月間の勤務表を照合しただけなので、いつ頃から、とか、増減についてはわかりません。

経営ボード　そもそも、原因はなんだと思う？

Bさん　深夜残業は上長に申請しなければいけないのですが、それを忘れたから申告しなかったのだと思います。

経営ボード　深夜残業の発生率と申請率の乖離については、チェックしてる？

Bさん　そこまでは見ていません。

経営ボード　どうしても深夜残業しなければいけない場合は、適切な労働時間範囲であれば認める。そのために申請制を導入している。しかし、深夜残業をしたのに正しく申告されていない状態を一刻も早く是正したい。どうすれば是正できるか、アイデアはあるか？

Bさん　正しく勤務表をつけてほしい、と啓蒙《けいもう》をするくらいしか、ちょっと思いつきません。

経営ボード　Bくん、これでは議論が深掘りできない。そもそも調査をお願いした時点で仮説を持って取り組んでもらわないと。これでは単なる事実の報告に過ぎないよ。次回までには、深夜残業の申請モレ・不正申告のない状態にするための実行計画について、調査事実をベースにまとめてきてほしい。

Bさんは、「正しく勤務表がつけられているか、を実態調査してほしいと依頼があったからそうしたのに、不正ゼロの計画まで立てろと言われるなんて……」とちょっと不満気でした。

〝変革〟や〝進化〟のステージ

チームリーダーとして、日々の業務を大きなミスなくとりまとめることができるようになってくると、会社から〝変革〟や〝進化〟の推進を期待されるステージになります。変革・進化と聞くと、ものすごくレベルが高いことのように思えますが、むしろどんな業務でも変革・進化なくしては劣化していくだけです。

Bさんの場合、従業員の勤務表をベースに正しく給与を支払うフローについては、絶対的な自信があったと思われますが、勤務表そのものを疑ったことはなかった。

経営ボードから調査依頼があった時点で、「勤務表そのものが間違っていたとしたらどうなる？　その影響範囲は？　その原因は？　解決方法は？」などとシミュレーションすべきでしたが、そこまで考えが至らなかったのでしょう。

よって自ら調査し、不正申告が明らかになった時点で、「不正をゼロにするには？」という方向に報告の焦点を変えることなく、そのまま「不正の事実を報告する」だけになってしまったのです。

Bさんが、労務担当者としての業務範囲を広く捉えることができれば、今回の経営ボードからの依頼は、会社に正しい変革を起こさせるチャンス、と考えることができたかもしれません。

さらに欲を言えば、噂で聞いて気になっていたのであれば、経営ボードから依頼される前に、自ら問題意識を持って行動し経営ボードに起案・提言するくらいまでになったなら、Bさんは次のステージ、組織マネージャーへの階段を登ることができるでしょう。

今回は2つのモデルケースを使って説明しましたが、リーダー層に会社が期待している仕事の「広さ」「長さ」「深さ」について、おわかりいただけたでしょうか。

僕自身はリクルートに長く勤めていく中で、この「広さ」「長さ」「深さ」を極めることの重要性に気づき、実践することの壁の高さと、自らの器の小ささに愕然《がくぜん》とする機会が増えていきました。

とはいえ、それはそれで自分を成長させてくれる機会。めげずに「広く」「長く」「深い」視野での仕事の実践を目指すことが大切と思っています。

7

リーダーからマネージャーへの壁

編集長兼マネージャーとして

僕が肩書きとして「編集長」になったのは32歳。それと同時に「マネージャー＝組織長」という職位になり、メンバーの勤怠《きんたい》管理や業績査定を担当するようになりました。ハンコも与えられ、ある一定額の取引の承認を行うようにもなりました。

しかし当時の僕は、週刊誌の編集記事を作る業務だけで手いっぱいで、そういった「マネージャーとしてやるべき業務」が加わったことは正直〝負荷〟としか感じていませんでした。

今から思えば、「編集長」としてやるべき仕事と、「マネージャー」としてやるべき仕事の違いがそもそもわかっていなかった、とも言えます。

「編集長」のやるべき仕事には、雑誌のコンテンツの全責任に加え、対外的なメディアの露出対応や広告メニューの開発、部数や印刷原価の調整などがあります。編集者としてキャリアを積んできた僕にとって「編集長」は憧れのポジションでしたし、編集の腕を磨き名前を売る、まさに絶好の機会と認識していました。

また当時の『R25』は、フリーマガジンというスタイルでTV・新聞・雑誌・ラジオに次ぐ新たなマスメディアを目指し、かつフリーマガジン×交通広告のクロスメディア広告を積極的に開発するなど、外部からの注目度が非常に高かったこともあり、編集長へのプレッシャーは厳しかったですが、それ以上にやりがいも感じていました。

一方「マネージャー」のやるべき仕事は、メンバーの育成をしながら組織全体の成果をあげていくこと。同時に会社のルールを理解し、組織の安定的運営のために労務やコンプライアンス、予算などの管理も必要となります。

簡単に言えば、経営と現場のハブとなって組織を推進していく役回り。現場側から経営側への意識変化を求められる立場となります。

当時の僕は、メンバー時代にはなかった(免除されていた)管理職的な業務を、かなり煩《わずら》わしく感じていました。またメンバーの育成についても、自分が「編集長」の業務に高い意識で邁進《まいしん》していれば、周囲は勝手に学んで成長してくれるだろう、くらいに漠然と思っていた程度。会社のマネージャー研修で一通りのことは教わったものの、根本的な理解はできていなかったのです。

自分で手を下すことの限界

「編集長」と「マネージャー」の違いを理解していない象徴的なエピソードが、「『R25』の制作ボリュームが増えても、すべてのページの企画立案、外部スタッフとの打ち合わせ、最終原稿チェックは編集長の自分が行うべき」としていたこと。

すべてのページのクオリティに責任を持つのが編集長だから、当然そうあるべきだと思っていたのです。

しかし、これは逆に言えば、自分以外の他の編集メンバーの能力を信用していないともとれる考え方です。実際、その当時の僕は「『R25』のブランドを担保しているのは自分自身。自分が面白いと思ったものだけしか信じない。それ以外は受け入れられない」と考えていました。

企画の初期からかなり細かいところまで指示を出しているので、最終的な仕上がりで大失敗する企画は少なく、スピード感を持って大量のページを少人数の現場で回していくには効率がよかったのですが、一方、編集メンバーを完全に自分のコマとしてしか見ておらず、自分の思いどおりに動いてくれないと気に障《さわ》る状態に近かったと思います。

当時の僕の行為は、失敗をさせないように先回りして細かな指示を出し、雑誌の質を担保する代償にメンバーの育成機会を摘《つ》み取っていた——つまり「マネージャー」の役割を放棄していた、と言えるのかもしれません。

その後、仕事のボリュームはますます増え続け、物理的に僕がすべてをチェックする体制では回せなくなった時期が訪れました。記事の大半は2人の副編集長に任せ、自分は新しい領域の検討として、女性向けのフリーマガジンやWEBサイトの立ち上げに時間を割《さ》くようになります。

「編集長」として記事へのこだわりと自負心が強かった分、もっとも要《かなめ》だった企画会議の進行役を譲るときには寂しさがありましたが、「マネージャー」として組織の成果のためにメンバーを活かし成長させることが大切なのだと、〝自分で手を下すことの限界〟が訪れたことでようやく気がついたというわけです。

この時期については環境の変化が激しく、目の前の課題を解決するのに精一杯だったのであまり鮮明な記憶がないのですが、もし、もう一度やり直すことができるなら、もっとメンバーを信頼し育成しながら、編集部を組織として強くすることにチャレンジしてみたい。そう思っています。

もっとも恥ずかしく、辛く苦かった時代

「マネージャー」から「大マネージャー」への転換──企業の規模によりますが、「課長」→「部長」への転換と捉えていただければわかりやすいかと思います。自分の部下に「マネージャー」がいる状態で、メンバーを直接指導する立場からマネージャーを通して実務を遂行する立場に変わるのが特徴です。

僕に上記のような機会が訪れたのは、「編集長」に代わり、「R25事業部長」という肩書きになったときに符合します。

これまでは編集や広告コンテンツの責任者の立場で事業の運営方針に意見していたところから、営業や管理部門も束ねつつ、自らビジョンを打ち出し決断していくことが求めら

れるようになったのですが、この時期がもっとも恥ずかしく、辛く苦い記憶が数多く脳裏《のうり》に残っています。

つくづく自分は視野が狭く、器量が小さい人間であることを思い知らされました。その中でも特徴的な２つのエピソードを書いてみたいと思います。

まず一つ目は、〝これまで経験したことのない部門の判断・決断をするときに、自分の成功体験や経験則を重視してしまう〟です。

僕は編集長時代から、自分は営業経験がないものの、当時の営業グループが個人プレーや近視眼的な活動ばかりで、もっとプロセスを重視してチームとして安定的な成果をあげられるように変革すべきではないか、と思っていました。

R25事業部長になって営業グループを管轄することになったときに、個人のプロセスを見える化し、より組織としての管理体制を強化することで〝営業の変革を主導〟していくべく取り組みをスタートさせます。

しかしこれまでのやり方を正しいと思う現場の営業メンバーから強い反発があり、直属の部下である営業マネージャーからの信頼も得られない状態が続きました。何度も会話し変革の必要性を説くのですが、その場では「わかりました」と言ってくれるのに、何日経っても現場では実行されず反故《ほご》にされてしまっている。

少なくとも編集長時代には、僕の決断・判断に従ってくれていたはずなのに――それまで自分が働きかけたことを反故にされた経験がほとんどなかったので、ものすごく混乱しました。

あるとき一人の営業メンバーが「僕らにとって編集長は版元（雑誌の発行元）の偉い人なので、広告主と同じように立てなければいけない人種なんです。ヘソを曲げないようにうまく調整するのが、僕たちの仕事ですから」と漏らしてくれました。

そのとき、僕は過去の編集長という立場から降りずに、営業部に自らの要望を押しつけていただけなんだ、と気づきました。営業は自分たちの上司というより、編集長あがりの厄介者《やっかいもの》が来たので、どうせわかってないからまぁ適当にいなしておこう程度に思っていたのでしょう。

編集長時代に営業メンバーは自分を慕ってくれていた、だから自分が変革の必要性を説けば営業現場は納得してくれるはず――そんな幻想が粉々になって散っていきました。

それに気づいてから、逃げずに営業と向き合いつつ、変革への要望をとことん考え抜き突き詰めていくことができたら理想だったのですが、結局僕は中途半端なまま「営業に向いていないからしょうがない」などと自分に逃げ場を作ってしまった。

あのときの自分がもっと強い当事者意識と変革への覚悟を持っていたなら、営業現場とももっとわかり合え、一緒に変革を実行していく仲間になれたかもしれなかったのに、と今でも後悔が募ります。

これは元々自分が企画して立ち上げた事業じゃない

2つ目のエピソードは、〝担当外や専門外の決断を迫られたときに、自分の責任を回避しようとしてしまう〟です。

『R25』はフリーマガジンだけでなく、インターネット領域にもメディアを拡張し、モバイルサイトやWEBサイトを展開していました。同じ『R25』ブランドを名乗ってはいたものの、初期の頃は僕個人のインターネット領域での関わりは限定的で、事業として目指す世界観も異なっていました。その後、いろんな紆余曲折《うよきょくせつ》がありつつインターネット領域も含めて僕が管轄することになりました。

未経験の職種である営業よりも、同じメディアであるインターネット領域のほうがやりやすいと思われるかもしれませんが、インターネットメディアを運営するためには、週刊誌を作るスキルとはまったく異なる専門性が必要で、しかも日々環境が進化するので常に学び続けなければなりません。

システムエンジニアのメンバーと会話しても、まったくちんぷんかんぷん。どんな指標を重視して運営していくべきかもわからないので、初期の頃からあった指標をベースにモニタリングを開始するのですが、それを見ても良くなっているのか悪くなっているのかがわからない。

これからのメディアはインターネットの世界で戦うことができなければ生き残れない——その危機感だけは持っていたものの、あまりに専門外すぎるゆえに、フリーマガジンに比べて明らかに淡泊な関わりになっていたことは否めません。

自分なりには、リクルート社内でネット化を推進し大きな成果をあげた後輩にヒアリングしたり、社外の勉強会に参加するなど、少なくとも〝何にもわからない〟から〝ちょっとはわかる〟ようになる努力をしていましたが、それでも強い当事者意識でもって推進している状態にはほど遠い。

不思議なことに、心の片隅に「これは元々自分が企画して立ち上げた事業じゃない」という気持ちがあると、現場に厳しい要望や決断が下しにくくなっていきました。

つまり、少なくとも現場の意見を尊重し、現場を守ることだけは責任者としてまっとうしよう、と考えることに意識が向かい、インターネット事業のビジョンを描きつつ現場に変革を促していく責任や、経営としての厳格な判断をする責任を回避しようとしていたのです。

インターネット事業への苦手意識は、今でも残念ながら消えていませんが、少なくとも〝責任の捉え方〟と〝当事者意識の持ち方〟については、この苦い経験を通じて理解できるようになったと思っています。

逃げない・めげない・面倒くさがらない

最後に。

辛い時期に僕が呪文のようにつぶやいていたのが〝逃げない・めげない・面倒くさがらない〟という言葉。

組織を統率したり変革を主導していくときには、これまでの経験則では絶対に解決できない、しかも二律背反した課題の解決を求められることが当たり前になってきます。担当外や専門外であっても決断を迫られ、そのたびに説明責任が発生します。

場当たり的な対処法ではいつかは馬脚をあらわすことになるので、できるだけ事実情報を幅広く集めながら課題の本質がどこにあるかを考え抜き、ブレのない方針やビジョンへと昇華する必要がある。

とにかく、「逃げたい」「めげる」「面倒くさい」仕事の連続です。

対立や葛藤を乗り越えることなくして、組織を統率し変革を主導することはできない――それを学ぶために、幾度もの、少しどころではない、ストレスで傷つく夜を越え、「カイシャ道」を歩んできたのだと、今は前向きに捉えるようにしています。

コラム4
10人以下の会社なので、人事制度があいまいです

Q　知り合いの家族が経営する小さな会社で働いています。人事評価は社長がそのときどきの気分で行っているため、評価に波があり基準がわかりません。10人以下の会社は人事制度を作る義務がないようなのですが、何か改善できる方法はありますか。（34歳・電気メーカー）

A　社長の気分次第、ということは、社長そのものが人事制度と理解されたらよいと思います。いくら気まぐれ社長といえども、何かしらの判断軸はあるはずです（好き嫌いも含め）。

別に好き嫌いで人事評価をしてはいけないことはないので、社長の好き嫌いがどんな軸によってできているかを、シミュレートしてみる、同僚と想像してみる、ときには直接聞いてみることで推察していくと面白いのではないかと（愚痴《ぐち》になってしまわな

いよう、注意！）。

ちなみに大きな会社の人事制度も、会社の成長度、景気の良し悪し、競合環境などによって変化するのが普通です。3年から5年で定期的に見直しをすることを決めている会社もあります。

人事は経営者にとって、経営理念を実現するためにもっとも重要な手段ですので、従業員ももっと人事に関心を持つべきだと思いますが、意外と無関心の人が多い。

人事を通して、社長は僕たちにメッセージを送っている——そう捉えてみてはいかがでしょうか。ただし、下品な噂話（誰それが出世コースだ、何某が贔屓《ひいき》されているらしい、など）に終始してしまわないようにしてくださいね。

第三章
ステージ別
傾向と対策

8

弱ったときの心の本音

仕事で少し傷ついた夜に

人間はできるだけ楽をしたい生き物である——唐突ながら、こんな書き出しからこの項は原稿を始めたくなりました。

自分自身の面倒くさがりで自己中心的な性格が原因で起きた過去の嫌な出来事が頭をぐるぐる回って地味に落ち込んでしまう、そんな時期があったことを思い出したからかもしれません。

TVを観ても音楽を聴いても本を読んでも、何気ないフレーズやキーワードがきっかけで、「ぐわっ」と胸が締め付けられたかと思うと、ここ何年も思い出すことのなかった「嫌な記憶」で頭が突然支配され、それを振り払うために大声を出してしまうような、そんな時期でした。ちょっと疲れていたのでしょう。

自分を正当化したり、自分を保身したり、自分の手を抜いたり、自己満足を優先したり。「嫌な記憶」には、そういった〝自分が楽をしたいから〟に起因する振る舞いがセットになっていることがほとんどです。

ああもうホントに自分はちっちゃい人間だなぁ、と思いつつ、いやいや人間ってものは元来そんなものだよ、とか慰《なぐさ》めてみたりするのですが、せっかくですから今回は〝仕事で弱ったときに出る自分の心の本音〟に向き合って、もう少し「嫌な記憶」を深掘りしてみようかと。

そもそも仕事で弱ったときとは、どういうときか。

僕の場合は、「達成感」「貢献感」「成長感」の3つのどれかが欠けてしまっている、もしくは不安定な状態であることが原因で、精神的に落ち込んでしまうことが多いように思えます(元々僕の仕事の価値観が、「自分がワクワク仕事をすれば、みんなをワクワクさせられる仕事ができる」といったタイプなので、とくに若い頃は気分がのっているかのっていないかでずいぶん仕事の質にムラがあっただろうと、恥ずかしながら反省しております)。

調子のよいときの自分よりも、そうでないときの自分のほうにフォーカスするのは、それこそ気分がのらない作業ですが、会社員としての3つのステージごとに〝仕事で弱ったときの自分の心の本音〟を振り返っていきたいと思います。

〈メンバー時代の心の本音〉～期待値のギャップ～

・なんで僕がそんな面倒くさいこと、やらなくちゃいけないの?
・業務量が多すぎて仕事が回らないのは、会社のせいだ
・やってもやっても結果が出ない。終わりが見えない
・誰のために何のためにやっているのかわからない
・自分にしかできない仕事しかしたくない
・自分の得意な仕事を自分のペースでしたい
・同じことの繰り返しで、正直飽きてきた
・上司や先輩の指示が理解できない。厳しすぎる
・同僚よりも自分のほうがいい仕事をしているのに、なぜ評価されないんだろう

・自分には才能がない。上司や先輩のようにすごい仕事ができる気がしない

こうやって本音を書き出していくと、まだまだ果てしなく続きそうな勢いですが、いったん10個で止めておきます。

メンバーの時期というのは、会社員として個人の業務の質を高めることで業績貢献することを求められます。まずは個人の成長を促されるステージで、不等式で表せば「個人＞組織」となります（とはいえ、組織を蔑《ないがし》ろにしろとは言っていませんのでご注意を）。

最初は簡単なミッションからスタートし、クリアするたびに少しずつ難易度が上がっていく――典型的なロールプレイングゲームのように、会社からは仕事を与えられ、それを納期までに期待値どおり（もしくはそれ以上）に仕上げることを繰り返しながら人は成長していくのですが、この〝期待値〟というのがなかなかやっかいもの。

前述の〝弱ったときの心の本音〟の大部分が、自分と上司（会社）との期待値のギャップから生まれてきているのではないかと、僕は考えています。

期待値は小さいと物足りなく、自分は組織で認められていないんじゃないかと不安になり、逆に期待値が大きいとプレッシャーになり、責任の重さに押しつぶされそうになる。

また、上司や会社の期待値（他己評価）と自分自身の期待値（自己評価）がズレていることにより、「あいつはたいしてできもしないのに生意気だ」「あいつはもっとできるはずなのに臆病だ」と思われたり、「こんなにちゃんとやっているのに認めてくれない」「まだまだ自信がないのにいきなり責任が大きすぎる」と感じたりする。

では、どう対処すべきか。どうやって期待値のギャップをなくせばいいのか？

「なくす」ではなく「向き合う」

残念ながら〝期待値のギャップ〟はなくなりません。なぜなら多くの人間は〝他人には厳しく自分に優しい〟からです。仮に相手の期待値を上回って成果を出しても、次回はさらに期待値が上乗せされるだけです。

上司や会社からの期待値のハードルをコントロールすることは不可能ですので、メンバーのステージではどれだけ〝期待値のギャップ〟に向き合うかが重要。

他者からの耳の痛い評価に真摯《しんし》に向き合い、他己評価を取り入れながら自己評価を随時アップデートして磨いていくことができた人は、次のリーダーのステージへの転換がスムーズにできるのではないかと思います。

ちなみに僕は、耳の痛い話を聞くのが大の苦手。

褒められるのは好きですが、諭《さと》されたりするのが嫌いだったので、〝期待値のギャップ〟を埋めるべく他己評価に真摯に向き合ったタイプではありません。

上手くいったときは自分の手柄、上手くいかなかったときは他人の責任――そんなふうにして肝心な部分をできるだけ避けてメンバー時代を過ごしたことのつけが、次のリーダーステージで回ってくることになります。

〈リーダー時代の心の本音〉～３６０度からの評価～

・自分の仕事で手いっぱいなのに、メンバーの面倒まで見なきゃいけないの？

・メンバーが成果を出せたのは、自分が細かく指示したからだ

・メンバーの育成とか言われても、そこまで手が回らない。自分も誰かに教えられたわけじゃないし

・会社からの厳しい要望を、メンバーに伝えて動かすのが面倒くさい

・こんなに上にも下にも同僚にも気をつかって仕事してるのに、それでもまだ文句言われなきゃいけないの？

・別に偉くなんてなりたくない。自分の好きな仕事を極めるほうがいい

リーダーになると、個人だけでなく組織としての業績責任も求められるようになります。個人の仕事と組織の仕事をバランスさせ相互に補完しながら相乗効果を出す、「個人⇕組織」のような状態が理想ですが、そんなにうまくはいきません。

メンバー時代は、そうはいっても上からの指示や評価がもっとも大事で、上を見て仕事をしていればなんとかごまかせていたことが、リーダーになると下からの要望や評価が加わるのでごまかしが効かなくなってきます。

とくに下からの評価は、上からよりもさらに厳しい。自分もそうでしたが、メンバーは上司のことはよく見ていますし、良いところよりも悪いところに目が行きがちです。また、リーダーになると組織間の調整事も任されることが増えますから、同じ立場のリーダー同士の評価もくっついてきます。つまり、上下左右、３６０度から自分が評価されることになるのです。

自己評価と他己評価

僕は耳の痛い話が嫌いと言いましたが、さすがにリーダーの立場になると、嫌でも３６０度あらゆる方向からの他己評価を聞かされることになります。

自分ではリーダーの役割を精一杯演じているのに、『あいつはメンバー育成ができてない』「彼は自分の主張ばかりをごり押ししてくる」「あの人はメンバーの話を聞いてくれない。できない人に冷たい」とか言われるわけです。

メンバー時代に他己評価と向き合った人は、おそらくリーダーの立場になっても周囲の声に冷静に対処できるのでしょうが、僕のような自己中心的なタイプは人間不信になりそうなくらい落ち込んでしまうこともありました。

ちなみにリクルートでは仕組みとして３６０度評価の機会を作っていました。自分自身の仕事のスタンスやスキルについて、約50問ほどの設問に5段階で答えるサーベイ（調査）が実施されるのですが、上司・同僚・部下からの採点と、自らの採点を比較することで、自己評価と他己評価のギャップがどこにあるかを〝見える化〟していきます。

僕はこのサーベイを見るのが嫌でしたし、なんでこんなことするの？　と思っていましたが、逆にこういった機会でもないと向き合うことができないのも事実ですので、今となっては良い機会だったと思っています。

〈マネージャー時代の心の本音〉〜責任へのプレッシャー〜

・会社が決めたことだから仕方ない、と言えれば楽なのに
・耳の痛い話や都合の悪い話は、できるだけ遠ざけてしまいたい
・ごまかすわけではないけど、できるだけ「うまくいっている情報」にして報告したい
・そんなところまで、自分の責任範囲なの？
・ここまで景気が悪ければ、業績が達成できなくても仕方ない
・あきらめて逃げ出したい

マネージャーになれば、メンバーに直接指示を出す機会が減り、リーダーを通して間接的に関与するようになります。たとえば組織の全体会議で方針や目標や戦略について話す

ことでメンバーに働きかけたり、報告される数字や事象によって組織やメンバーのコンディションがどうかを判断したりといった感じです。不等式で表せば「個人<組織」となります。

マネージャーもリーダーと同じように360度の他己評価と向き合うことは引き続き必要ですが、それ以上に自組織に対する強いコミットメントを持てるかどうかが重要になってきます。

ちなみに「コミットメント」を辞書で調べてみると、

・かかわりあい、委任、言質《げんち》

・責任をもって関わること、責任をもって関わることを明言すること、責任を伴う約束

という説明が記載されていました。

マネージャーになると、他己評価と向き合うだけでは足りず、自らの責任を明言し、その強い決意や覚悟を示さなければいけません。

とはいえ、マネージャーも人間ですから「これは大変なことになった。もう無理だ。どうしよう」と悩むときがあります。むしろ、権限が大きければ大きいほど日々そういった悩みだらけになります。そのたびに、自分がどれだけ強いコミットメントを持っているの

かが試されているわけです。

先ほどマネージャーは「個人<組織」と書きましたが、組織を率いる責任の大きさと比例して個人に必要なコミットメントの強さは大きくなっていきますので、個人の胆力や大局観を磨くことの努力は、当然ながらメンバー時代よりもはるかに大切になります。

コミットメントの意味

この項の冒頭で「自分自身の面倒くさがりで自己中心的な性格が原因で起きた過去の嫌な出来事が、頭をぐるぐる回って地味に落ち込んでしまう、そんな時期があった」と書きましたが、それはようやく僕自身がコミットメントの意味を理解し始めたからかもしれません。

マネージャーの役割を演じる、ということだけでは足りず、強いコミットメントを持って仕事に取り組むことで組織を成長させ高い成果をあげるのが自分の職責なのだ、と遅まきながら感じることが増えました。

そのたびに、自分のコミットメントの弱さに「ああ、自分は本当に小さい人間だなぁ」

とげんなりしてしまうのですが、そうやってまずは自己の弱さを正直に見つめつつ、その先にある胆力や大局観を獲得していくための努力をしていきたい、していくしかない、と思っています。

おそらく「できるだけ楽をしたい」という心の本音は一生消えないでしょう。それを打ち消すだけの強いコミットメントや使命感を持った人間でありたい——と言いつつ、ときには自分の弱さを受け入れるだけの余白も持っていたいとも思っているのですが。

9

競争心理の持ち方

結果を出せるタイプとの差

あなたは仕事を含めた日々の生活で、「勝利すること」を求められていると感じたことはあるでしょうか。誰かと競争し、その中で優勝劣敗を競い合っている意識を持っているでしょうか。

優勝劣敗を競い合う——大げさな表現に思われるかもしれませんが、残念ながら現代の資本主義に生きている限り、自由競争が基本的な原理であり、競争することによる利点を人間はこれまで享受《きょうじゅ》してきたわけです。その一方弊害もたくさん生み出し、金融市場など行き過ぎた競争原理が引き起こす混乱も後を絶ちません。

どちらにせよ、「個人や集団を競わせることで物事が良くなる」という考え方自体は、現代に生きる我々のベースになっているのは事実で、この〝競争原理〟にどのようなスタンスで立ち向かうのかを僕たちは日々問われているのです。

「じゃあ、そんな偉そうなこと言っているお前は、どんなスタンスなんだよ」という声が聞こえてきそうなので僕自身の話をしておきますと、僕はこの〝競争に勝ち抜く〟マインドがあまり強くないタイプだと思っています。

「競争があることは認めるが、自分が気持ちいいと思える場所で、そこそこの成果を出せていればいい」といったスタンスが根底にあります。あんまりガツガツしたくない、他人を蹴落《けお》としてまで勝つのはなんか嫌だ、みたいなカンジです。

ですので、成果や利益などの数値的な目標達成に対して淡泊な部分があり、どんな環境でも数値的結果を出し続けられるタイプの人との力の差にコンプレックスを持っています。

結果を出せるタイプと自分との大きな違いに「勝利することへの貪欲《どんよく》さ」があることを、悔しいながらも認めざるを得ません（最近は、「そこそこの成果を出す」ためには「そこそこの目標達成意欲」では足りず、「目標達成へのあくなき執着心」があってようやく〝そこそこ〟の成果につながる。それほどまでに、仕事における世の中の環境は厳しくなってきていると感じています）。

さて今回も、前回と同様、会社員の3つのステージ「メンバー時代」「リーダー時代」「マネージャー時代」に分けて、それぞれに求められる競争へのスタンスの違いとその磨き方について、自分の経験を交えて記していきたいと思います。

〈メンバー時代の競争へのスタンス〉～会社からの期待を超える～

僕は情報誌の編集者としてメンバー時代の大半を過ごしてきました。当時求められていた数値的な成果は、チームでは「販売部数」、個人では「読者支持率」「号あたり制作ページ数」「ページあたり制作原価」などがありました。

「販売部数」は事業の業績を左右する重要なファクターではあるものの、広告収入に比べ事業の売上や収益への影響が大きくなかったため、僕自身は「読者に面白いと思ってもらえる記事を作れば、事業の業績にも貢献できるだろう」と漠然と思っていた程度。同期入社のほとんどが営業に配属され、日々、個人目標と戦っていたのに比べると、ずいぶん淡泊なものです。

会社の部門によって、プロフィットセンターとコストセンターという役割の違いがありますが、いわゆるプロフィットセンターは収益をあげる部門（販売や営業部門など）、コストセンターはできるだけ少ない費用で効果をあげる部門（製造や管理部門など）とされます。

僕が属していた編集部は、コストセンターの色が強かったため、コスト削減意識はかなり求められていましたが、個人ミッションとして収益への意識を求められることはほとんどありませんでした。若いうちにプロフィットセンターで揉《も》まれた経験がないことも、僕自身の「勝利への貪欲さ」が薄いことにつながっていると思われます。

配属先によって個人に求められる業績目標の質は変わるものの、メンバー時代の競争心として共通しているのは「まずは会社からの期待を超えることを目指す」です。

メンバー時代の業績目標は、会社から個人に与えられるケースが多く、そして同期で入社した同僚にはほぼ同じような目標設定がされています。会社からの期待を超えることを目指しつつ、似たような環境の同期の中で自分がどの程度の位置にいるのかをチェックします（同期が少ない企業に入社した場合は、少なくとも3年目までの先輩を含む同職種のメンバーでの競争を意識することになります）。

それを数年間繰り返す中で、自分自身の〝競争へのスタンス〟が嫌でも磨かれていくわけです。

ときには運・不運で業績が左右されることもありますが、それでも数カ月にわたり連続して安定した業績を出せる人がいるはず。その人の〝競争へのスタンス〟が自分とどう違うのかを観察し、真似できるところは取り入れてみるなどの工夫をしていけば、メンバー時代の差はそれなりに埋められるはずです。

そもそも、就職した企業の〝競争へのスタンス〟に違和感を覚える場合は、あなたにとって向いていない企業文化を持つ会社なのかもしれません。石の上にも3年、なんとか続けてみてもその違和感が変わらなければ、転職を考えることをおすすめします。

〝競争へのスタンス〟は、企業ならばその企業文化を、個人ならばその生き様を反映しますから、多種多様なスタンスがあって当然です。その企業のスタンスに相容《あいい》れなくても、別の企業ではしっくりくる場合もあります。ひとつの企業で合わないからといって社会不適合者になるわけではありません。

〈リーダー時代の競争へのスタンス〉～チームで勝つ～

リーダーになる頃には、自分の個人成績はある程度安定的に出せるようになり、かつ会社から教えられた方法だけでなく独自のやり方も身に付けており、それなりに自信もある状態になっているはず。

会社からは、個人だけでなくチームでの成果を意識させられる要望が増え、部下や後輩の指導・育成のミッションが追加されることになります。

メンバー時代は、自分の個人業績が達成できるかどうかがもっとも重要でしたが、リーダーになれば個人業績を達成したとしてもチームが達成できなければダメ、という評価になります。

チームの業績目標は、チームに所属する個人業績を足し合わせたものになる（もしくは個人目標がチームの業績目標を各個人に振り分けたものになる）のですが、チームのメンバーの誰かが業績を下回った場合は、その分を誰かが補填《ほじん》しなければ達成できません。

リーダーは日々の進捗《しんちょく》をチェックしながら、Aさんが下回った分をBさんに補填してもらおう、とか、Bさんも苦しいからここはリーダーである自分の業績を積むことで補填しよう、とかを考えることになります。

このとき優れたリーダーは、チームの中に「個人だけではなく、チーム全体で結果を出そう！」という風土を醸成するのがうまい。会社から与えられたチームや個人の業績目標をうまくチームとして自発的に掲《かか》げた目標のようにすり替えたり、メンバー同士がライバルとして競い合うのではなくお互いを支援し合うような行動に向かわせるように誘導していったり。

わかりやすい例で言えば、「営業部のチームで№１になる！」「過去の最高売上実績を上回る！」など、チームが目指す業績目標を超えてでも達成したくなるような目標を自らチームに設定します。

２０１０年のロンドン五輪で過去最高のメダル数を獲得した日本の競泳チームは、個人競技でありながら高いチーム意識を持っていたことが成功の要因であったと分析されています。

「競泳は27人でひとつのチーム。27人のリレーはまだ終わっていないです」——これは背泳ぎ２００ｍで銀メダルを獲得した入江《いりえ》陵介《りょうすけ》選手が、自分の競技が終わった直後に発したコメントで、日本競泳陣のチーム意識の高さを象徴する言葉でしょう。

アトランタ五輪で史上最強と言われながらメダルゼロに終わった日本競泳陣は、どんなに個人の力が秀でていようが五輪のような大舞台ではプレッシャーで本来の力を発揮できないケースがあることを学び、個人種目といえどもチーム力の強化、お互いを支え合う風土の醸成に力を入れていったと言われています。

ちなみに、「チームとして結果を出すこと」に〝競争〟のスタンス〟を移すことは、言葉ほど簡単なことではありません。

自分のスキルに自信がある人ほど「オレがなんとかする」という力学が働き、口先ではチーム力と言いつつ、仮に目標達成できたとしても本質的な意味でのチームの成果と言えないケースもよくあります。

人を理解し統率する能力というのは、一朝一夕では身に付かない。僕自身、いまだにその能力がないことで、めげそうになってしまうことが多々あります……。それでも失敗から学びながら、人を理解し統率する能力を磨いていくしかありません。

〈マネージャー時代の競争へのスタンス〉～経営のトップアスリートへ～

マネージャーは雇用者側よりも経営者側に近い立場で、その中からゆくゆくの経営幹部が生まれていく、というのが一般的な企業では多いと思います。

マネージャー時代は、リーダー時代よりも管轄するメンバーの数が必然的に増えることになるので、多種多様な考え方や働き方をする人を統括するだけのメッセージ力が必要となります。

単に業績目標を掲げるだけではなく、「何のためにその業務を行うのか」「業績を達成する先に何を実現したいのか」「我々は社会的に何の役に立っているのか」など、日々の業務と連続した先にある世界観をいかに語れるかが重要になってきます。

さらに経営幹部に近づけば近づくほど、マーケットを多面的に捉え、顧客ニーズの変化や競合プレイヤーの動向などをいち早くつかみ、自社が抱える課題とその打ち手について的確に絞りこむ能力を併せ持たなければなりません。

「目標を掲げその達成にコミットする」ことを通して、「世の中にどんな価値を提供したいのか、世の中にどんなポジティブな変革を起こしたいのか」を自らに問い続け、その実現に向かって折れない心で邁進《まいしん》していく——経営のトップに昇っていくマネージャーは、こういった圧倒的な〝競争へのスタンス〟を持っている人です。

トップアスリートと優秀な経営者の共通項として「どんな厳しい競争環境になっても結

果を出し続ける人」であることがあげられますし、事実、トップアスリートとトップ経営者の精神構造はかなり似ていると思います。

会社員の頂点は社長ということになりますが、一流の社長になれる人は、オリンピック選手になるのと同じくらい〝競争に勝つことに研《と》ぎ澄まされた人〟だと言えるのではないでしょうか。経営という競技のトップアスリート、と呼べる人物が経営トップにいる会社は強いと思います。

最後に、トップアスリートの勝負強さを考察した『〈勝負脳〉の鍛え方』（講談社現代新書）等の著書がある林成之《はやしなりゆき》氏が、日本競泳陣にアドバイスした必勝理論をご紹介します。

勝負脳を発揮するには、

・ライバルに勝とうとするのではなく、自己記録の更新にこだわる
・常に、自己ベストの3割増の力を出そうとする
・疲れた、大変だというような否定的な言葉を使わない
・調子のいい時は休まず、アグレッシブにやり続ける

・最後まで「勝った」と思わない
・プールと自分が一体化するイメージを持ち、自分の世界を作る

我々はトップアスリートではありませんが、資本主義の競争原理の中で生きるうえで、結果を出すために必要な要件を知っておくことは無駄ではないでしょう。とくに競争に疲れたり、敗れたりしたことで落ち込んだときに、上記のアドバイスを思い出してみるとよいかもしれません。

コラム5

今、自分がどのステージにいるかわかりません

Q　新卒で入社した会社で、結婚・妊娠・出産を経て最近久しぶりに時短勤務として現場に復帰しました。産休前は「マネージャー」をしていたのですが、会社の仕組みとして、管理職でなければそれ以上の職責は任せてもらえません。わたしは今、どのステージにいるのでしょう。（48歳・アパレル）

A　大変難しい話です。仕事も好き、会社も好き、家族も子どもも好き。優秀な女性の方ほど、どれも水準以上に実行したいという気持ちが強いので、自身の人生が複雑化してしまいます。

誰にとっても1日24時間であることは変わりがないので〝時間あたりの生産性をどうやって高めるか〟を考える以外ないと思います。

それぞれの項目に割り当てられた時間を設計し（まずは、「家族・子どもの時間」「仕

事・会社の時間」「自身の英気を養う時間」の3つに注目)、その時間内にどうしても収まらない〝本来やりたいタスク〟を抽出してみます。

次に〝本来やりたいタスク〟を実行するために、会社の福利厚生制度や自治体の子育て支援制度を活用することはできないかを検討。それがわかったうえで、夫や家族・友人(両親、親戚、縁者)との分業が可能なのかを考えるのがよいかと思います。

また、仕事の生産性を高めるには、ITツールの徹底活用が重要です。どこでもネットワークがつながる時代ですから、仕事の報告・連絡・相談やメンバーへの指示は会社にいなくてもできます(セキュリティの問題など、会社によっては禁止している場合もあるのでご注意を)。

どちらにせよ、会社への貢献を本気で考えているのであれば、時短勤務であろうが〝時間あたりの生産性の高さ〟を意識して働くことが重要です。会社が求めているのは労働時間そのものではなく、労働によって生まれる価値なのですから。

終章
自分の中にキレイゴトを持て

仕事がつまらない。
会社に行きたくない。
どうせ自分なんて必要とされてない……。

昨日まで大きな問題もなく、むしろやる気満々で楽しくやれていた仕事なのに、あるきっかけひとつで冒頭のような〝負のスパイラル〟へと移行してしまうことが、40歳を過ぎた今でもあります。若い頃に比べれば、これでもずいぶん安定したほうなのですが……。

負のスパイラルからの脱出法については、これまでもいくつか事例を示してきましたが、終章では「僕が現時点で辿りついた最強の方法」について書いてみたいと思います。

結論から言います。
僕の最強の脱出法は、
「自分の中にキレイゴトを持つ」
です。

キレイゴトというと、「うわべだけ」「体裁だけがよい」「無責任」「ウソつき」などのよくないイメージの言葉に思われる方もいらっしゃるでしょうが、僕はそのネガティブなイメージも含めてこの言葉を肯定的に捉えたいと思っています。
どういうことか、少し説明します。

会社にもある「キレイゴト」

あなたは、あなたの会社の経営理念や信条やビジョンやありたい姿を、見たり読んだりしたことはありますか？　ホームページの会社概要をクリックすれば、一番上に置かれている場合が多いので、ぜひご覧になってください。

そこには創業者や経営陣が頭を悩ませて選んだ言葉が並んでいることでしょう。英語だったり、キャッチコピーだったり、教訓だったり、宣誓文だったり。形態はさまざまありますが、これらは「キレイゴト」だけれども非常に力のこもった言葉になっているはずです。

ちなみにリクルートホールディングスでは、

ミッション（目指す姿）
私たちは、新しい価値の創造を通じ、社会からの期待に応え、一人ひとりが輝く豊かな世界の実現を目指す
ウェイ（大切にする考え方）
・新しい価値の創造　・社会への貢献　・個の尊重

と記されています。

別にリクルートの経営理念が素晴らしい、と言いたいわけではありません。こういった「キレイゴト」が企業経営の推進のためにはなくてはならない、その一事例として見ていただければけっこうです。

では、「キレイゴト」は誰のためにあるのか。

従業員でしょうか。従業員は単なる「キレイゴト」が並んでいるだけでしょ、と感じている人がほとんどだと思います。

「キレイゴト」が必要なのは、経営ボードや上位役職の責任範囲が大きな人です。彼らが自分自身を律するために、経営理念はあるのです。

会社として「目指す姿」や「大切にする考え方」をわざわざ記さなくてはならないのは、人間一人ひとりの信条は基本的にバラバラで、かつそのときどきによって都合よく変わってしまうものだから。

僕は、人間は基本〝面倒くさがりや〟で、できるだけ楽な方向へ、できるだけ自分の責任を回避するように、放っておいたら進んでしまうと思っています。会社の経営トップや上層部も同じ人間ですから、そういった弱い一面は必ず持っています。

しかし経営トップのちょっとした心の弱さが仇《あだ》となって、誤った判断をされてしまったら……それは単なる一従業員の誤った判断とはケタ違いの悪影響を、会社に、社会に及ぼしてしまうでしょう。責任範囲が大きい人ほど、日々の意思決定のたびに弱い自分の一面と向き合わなくてはならず、そのたびに自分自身を律する必要があります。

そのとき「キレイゴト」は、それこそ宗教の経典のように、意味を持ってくるのです。

また、基本的に会社というのは、自ら掲げた「キレイゴト」を実現するために本気でコミットメントを持って取り組む集団である、と言えます。

であれば、社会的影響力の大きい会社ほど、「キレイゴト」は、誰から見ても、どこから見ても、一点の隙もないものであることが望ましい。

自ら掲げた美しすぎるほどの「キレイゴト」によって会社が浄化されていく――そんな作用をもたらすレベルの言語化ができれば、その会社はエクセレントカンパニーとなっていけるでしょう。

個人にとっての「キレイゴト」

会社には「キレイゴト」が必要ですし、実際、多くの企業には経営理念や信条やビジョンやありたい姿といったものが掲げられています。

では、個人にとっての「キレイゴト」は必要ないのでしょうか。

僕自身を例として言えば、チームや組織のリーダーとして会話するときには、何かしらの理念やビジョンを作ってメンバーへ語ることをしてきました。フリーマガジン『R25』の編集長時代であれば「R25とは〝第二の成人〟を迎えるための教科書である」ですし、関連会社の経営企画室長のときは「Excellence is a thousand details~卓越は千の細部からなる」でした。

そういった理念やビジョンは、リーダーとしての自分にとって拠《よ》り所となりましたし、組織の全体会議などのときに繰り返し語ることでメンバーにも浸透していきました。

ですので、リーダーの〝役割〟を演じるために「キレイゴト」を自然と活用してきたわけですが、僕個人としての「キレイゴト」はなかなか持てずにいました。

いや、持とうとして「キレイゴト」を作ってはいたものの、それこそ自分自身を律する効果が発揮できるほどの言葉に昇華できていなかった、というのが正しいかもしれません。

「若者の気持ちがもっともよくわかる編集者でありたい」

「世の中の既得権益を打破するような仕事をしたい」
「オープン&フェアネスな社会の実現」
「知ったかぶりをしない。好奇心を忘れない」
「〝知っている〟と〝知らない〟の間にある〝あいまいさ〟に焦点をあて、〝知ったかぶりをしない〟精神であらゆる事象の本質に迫りたい」

などなど、たくさんの「キレイゴト」を並べてはみたんです。それぞれの言葉は別に悪くないと思うのですが、どうも個人としてしっくりこない。

あるとき、これらの言葉を個人が働くうえで拠り所となる「キレイゴト」にするために、2つの視点が欠けていることに気がつきました。

1つは「何のために働くのか」。
もう1つは「誰のために働くのか」。

別に僕がいまさらドヤ顔で語る必要がないほど、誰もが知っている視点だとは思いますが、40歳を越えてなお、いまだにこの2つに明確に答えることが難しいと感じている自分がいることを認めざるを得ません。さてあなたなら、どう答えますか？

「何のため」「誰のため」

「何のため」――生活のため、お金のため、美味しいものを食べるため、好きな時間を楽しむため、安心安全な暮らしを維持するため、などなど

「誰のため」――自分のため、家族のため、子どものため、大切な友人のため、恋人のため、お客様のため、困っている人のため、地域の人々のため、などなど

僕個人のもっとも正直な答えは、「生活のために、家族のために、お金を稼ぐ手段として働いている」になります。

正直すぎて身も蓋《ふた》もないですよね。ウソ、偽りはないかもしれませんが、自分自身を律したり奮い立たせるというより、あきらめや諦念をもたらす言葉です。負のスパイラルに入ったときに心の拠り所にすると、さらにネガティブになってしまいそうな……。

「生活のために、家族のために、お金を稼ぐ手段として働いている」という自分を否定するつもりはありません。しかし、年を重ねれば重ねるほど、自分が及ぼす影響や責任の範

囲は大きくなっていきますし、残念なことに解決すべき課題の難易度も上がっていきます。

むしろその状況を楽しむためには、目指すべきゴールとして、美しすぎるくらいの「キレイゴト」が自分の中にあったほうがいい。

そんなふうに、40歳を過ぎて思えるようになりました。

自分の中の「キレイゴト」

「日本の社会課題に真正面から向き合って、日本の未来を作る仕事をする」

「そして、ひとりでも多くの人から『ありがとう』の声をいただき、それを推進力とする」

これが、今、現時点での僕の中にある「キレイゴト」になります。苦しいとき、悩んだとき、自分を無力に感じたとき、この言葉を拠り所にすれば前に進んでいけるのではないかと、そう感じています。

そもそも負のスパイラルに陥ってしまうときは、普段気にならないような細かな近視眼的なことに目がいってしまうことが、僕の場合は多いです。つまり視野が極端に狭くなっている。「キレイゴト」をゴールに据えることで、視野を広く高く長く持つことができるのです。

でも、「キレイゴト」だけで人は生きてはいけません。

「キレイゴト」がなくても人は生きてはいけない。

目指すべきゴールが高いからこそ、頑張れる、耐えられることがあるのも事実です。そう僕は思っています。あなたも、自分の中の「キレイゴト」、ぜひ考えてみてください。

ちなみに、岡本太郎氏の名著に『自分の中に毒を持て』(青春文庫)というエッセイがあります。そこで岡本太郎氏は常識や形式に囚《とら》われて自ら判断軸を持とうとしない人に警《けい》鐘《しょう》を鳴らしています。

卑屈にならず、ありのままの自分で勝負しろ!

——そんなメッセージがページの隅々に埋め込まれていて、僕も過去に何度も勇気づけられました。僕は、岡本太郎氏は自らの「キレイゴト」を〝毒〟と表現したのだと解釈しています。興味のある方は、ぜひご一読をおすすめいたします。

あとがき

会社員にとって、〝会社の期待〟と〝自分のわがまま〟が、両方とも一致しているときが幸せな時期と言えますが、長い会社員人生、そううまくはハマりません。

僕個人でいえば35歳くらいから、編集者としてのスペシャリティを高めるべく、インターネットメディアやプラットフォームビジネスの仕事に〝会社の期待〟が広がっていきましたが、元来IT領域に苦手意識を持っていたのと、もっと汎用的な経営スキルを学びたいと思っている〝自分のわがまま〟が合致しきれず、数年間はパフォーマンスが上がらず会社や組織に迷惑をかけてしまいました。

「自分はなんて無価値な人間なんだろう」――もっとも落ち込んだときは、今ある責任をまっとうできない自分が本当に嫌になり、逃げ出すように退職を考えたことも正直ありました。

それでも、先輩方の助言やメンバーの励ましもあり、なんとか踏み留まることができました。今から振り返ると、逃げ出したい時期を自分の辞め時としなくてよかったと思います。踏み留まったことで、あらためて自分自身の弱さと向き合わざるを得ない機会を経て、社会人として自分が何を世の中にコミットメントしたいのかを明確にすることができたからです。

最後の2年間は関連会社（株式会社ゆこゆこ）に出向し、〝自分のわがまま〟に極めて近いポジションで仕事をさせていただいたこともあり、とても刺激的で面白い仕事をすることができました。

もしかしたら最後の仕事になるかもしれない、と個人的には思いつつ異動（出向）をしたのは事実ですが、その職場の事業ポテンシャルの高さ、組織風土の良さ、そして何よりシニアをターゲットとしたビジネスモデルの秀逸さに驚き、もっともっとこの事業にコミットメントしたいと強く思うようになりました。それに伴い〝今ある責任を放棄することの罪悪感〟もどんどん大きくなっていきました。

結局は退職してしまったので、言い訳にしか聞こえないかもしれませんが、本当に退職の決断は難しかったです。決め手は、40歳からの先の20年をどう生きていきたいか。会社員で偉くなってより社会的に大きな事業を成すことも難しい道なのは重々承知ですが、僕は自分自身で考え、判断し、決断する人生を選択することにしました。

その決断をするにあたり、「日本の社会課題に真正面から向き合って、日本の未来を作る仕事をする」という自らのテーマに辿りつき、それを実現するための道として、家業である富山の介護事業を継承し独立しようと思い至ったのです。

約20年間、リクルートという「カイシャ道」を迷いながら、つまずきながらも歩んでいく中で、スペシャリストとゼネラリストの両方のキャリアを積むことができました。

そのおかげでこれからの人生の20年をかけて飽きずにチャレンジし続けるに値するテーマ設定を作れたことが、自分の人生で何より大きなことだと思っています(ここまで書いておいて、すぐ挫折してしまったら恥ずかしいですね……)。

会社員のときに当たり前にあったサポートがなくなることは、正直不安ではあります。社会保険や年金、確定申告に福利厚生などなど、会社はいろんなことをしてくれている。

一方自分でなんとかしなければいけない立場になり、会社って、社会って、こういう仕組みでできていたんだ！　と、40歳になっていまさら新鮮に感じている自分もいます。辞めたらゆっくりできるかなー、と思っていたのですが、どっこい会社員のときとは違うやるべきことがあって意外と忙しい！

おかげで、会社員で職責が大きくなることによって得られる視座とはまた別に、もっとフラットに自然体で社会全体を感じとれるようになったというか。家族や子どもたちとの向き合い方も、少しリセットできたように思えます。

もしあのとき、逃げ出すように退職していたら、こんな気分になっていたのかどうか——おそらく自信を取り戻すために、数カ月は時間が必要だったのではないでしょうか。退職を悩む中で、20年は楽しめそうなテーマを設定できたことが、やはり重要だったのではないかと今は感じています。


さて、「コミュニケーションのスキル」と「仕事に向きあうスタンス」について、僕自身の体験談を交えながら書いてきた本書もそろそろ終了です。

「あぁ、あのときああしておけばよかったのに」と僕が感じたことがベースになっているので、この人はなんて小さい人間なんだろうと、読みながら思われたことでしょう。

なるべく恰好《かっこう》つけずに、ありのままを書いたつもりではありますが、僕を知っている人には〝自分を美化・正当化している〟と映ったかもしれませんし、知らない人は〝編集という特殊な世界の話でわかりにくい〟と感じたかもしれません。それは、ひとえに自分の文章能力のなさにつきます。つたない文章で申し訳ありませんでした。

それでも、ほんの少しでも、「カイシャ道」で迷ってしまったとき、その負のスパイラルからの脱出に本書が役立ったのであれば、本当に心から嬉しいです。そんな方がひとりでもいらっしゃることを祈って、筆を置きたいと思います。最後まで読んでいただき、本当に、本当にありがとうございました。

そして、僕に執筆の機会を与えてくださり、かつ2年にわたり僕の遅筆っぷりを温かく見守ってくださったミシマ社代表の三島邦弘さん。またWEB連載（「みんなのミシマガジン」の「脳内会議」と「仕事で少し傷ついた夜に」）の担当で、連載途中で苗字が変わられた長谷萌さん、そして書籍編集時の担当の星野友里さん。著者としては未知数の僕を陰に日向に支えていただきありがとうございました。お二人とのメールのやりとりで、何度も勇気づけていただきました。

デザイナーの尾原史和さんをはじめ、本書が世に出るまでに本当にたくさんの方々にお世話になりました。そして何より、これまで幾度もの成長の機会を僕に与えてくださったリクルートと、仕事を通して関わったすべての皆さまに感謝いたします。

２０１４年２月吉日

藤井大輔

藤井大輔（ふじい・だいすけ）

1973年富山県生まれ。大阪大学経済学部卒業後、1995年に株式会社リクルート入社。以来、編集・メディア設計職に従事し、主に『ゼクシィ』『ダ・ヴィンチ』『住宅情報』『都心に住む』等に携わる。2004年7月『R25』を創刊し、編集コンセプト・ネーミング・コンテンツラインナップを立案。『R25』『L25』『R25式モバイル』編集長を歴任。その後、シニア向け温泉予約サービス「ゆこゆこ」の経営企画室長等を経て、2013年12月退職。現在、総合介護福祉事業を運営している株式会社アポケアとやまの取締役。著書に『「R25」のつくりかた』（日経プレミアシリーズ）がある。

逃げない・めげない　カイシャ道《みち》

二〇一四年二月二十二日　初版第一刷発行

著　者　藤井大輔

発行者　三島邦弘

発行所　㈱ミシマ社
郵便番号　一五二-〇〇三五
東京都目黒区自由が丘二-六-一三
電話　〇三(三七二四)五六一六
FAX　〇三(三七二四)五六一八
e-mail hatena@mishimasha.com
URL http://www.mishimasha.com/
振替　〇〇一六〇-一-三七二九七六

ブックデザイン　尾原史和(スープデザイン)
印刷・製本　(株)シナノ
組版　(有)エヴリ・シンク

ISBN978-4-903908-51-9